D0818945

L'ÉMISSAIRE
DE LA LUMIÈRE

James F. Twyman

ARIANE ÉDITIONS

Titre original anglais :
Emissary of Light,
My Adventures with the Secret Peacemakers
© 1996 James F. Twyman
Publié par Warner Books, Inc.
1271, Avenue of the Americas, New-York, NY 10020

© 1999 pour l'édition française
Ariane Éditions Inc.
1209, Bernard O., bureau 110, Outremont, Qc., Canada H2V 1V7
Téléphone : (514) 276-2949, télécopieur : (514) 276-4121
Courrier électronique : ariane@mlink.net

Traduction : Sylvie Finkelstein
Révision linguistique : Marielle Bouchard
Page couverture : Giorgetta Bell McRee
Graphisme : Carl Lemyre
Mise en page : Bergeron Communications Graphiques

Première impression : février 1999

ISBN : 2-920987-33-X
Dépôt légal : 1ᵉ trimestre 1999
Bibliothèque nationale du Québec
Bibliothèque nationale du Canada
Bibliothèque nationale de Paris

Diffusion
Québec : ADA Diffusion – (514) 929-0296
www.ada-inc.com
France : D.G. Diffusion – 05.61.62.63.41
Belgique : Rabelais – 22.18.73.65
Suisse : Transat – 23.42.77.40

Imprimé au Canada

À Celui du Centre

Table des matières

L'ÉMISSAIRE DE LA LUMIÈRE

Avant-propos

« J'ai toujours été obsédée par Dieu ». Je me rappelle la première fois que j'entendis mon amie Lisa Wagner prononcer ces mots. C'était dans sa pièce sur la vie de Dorothy Gray, et ils m'avaient fait l'effet d'une bombe : moi aussi, Dieu me hantait. Tout petit, je ressentais une attirance mystérieuse et passionnée pour le divin. Je pensais que les expériences mystiques étaient quelque chose de naturel que tout le monde vivait et, profondément influencé par mon éducation catholique, je me disais que ma voie était tracée. Un mois après le bac, j'entrai dans un monastère. J'allais devenir prêtre, vouer ma vie à la prière et au silence, et à la recherche d'une sorte d'union mystique avec mon Dieu bien-aimé. Je rêvais de ce moment depuis toujours et quand l'immense portail de fer se referma derrière moi, j'étais sûr d'être arrivé dans un autre monde.

Mais le silence creux des rites ancestraux me laissa froid. Je n'allais pas trouver ce que je cherchais dans les formules magiques et le dogmatisme d'une institution. Il fallait que je parte, que je cherche seul. J'étais comme Siddhârta renonçant à l'ascèse, ou Bouddha au palais de son père. Même si je devais errer dans la solitude, c'était mon instinct, et lui seul, que je suivrais.

J'ai toujours eu l'esprit de contradiction. Quand j'étais petit, j'étais la brebis galeuse aussi bien à l'église qu'à l'école. Même si Dieu m'a accordé de nombreux talents, je crois que mon attribut principal est d'être normal, comme tout le monde. Ni plus intelligent, ni plus grand, ni plus extraordinaire que les autres. Ce qui me distingue, c'est ma volonté de servir la paix. Sainte Thérèse d'Avila s'est un jour comparée à un balai rangé dans un coin : à chaque fois que le sol était sale, elle était là pour nettoyer, comme un instrument de Dieu. Moi, je vivais et travaillais avec des SDF de Chicago malades du sida. C'était ça ma fonction. Et c'est là que je sentis que je revenais à mes origines, à ce qui m'avait toujours habité.

Il y a quelques années, je décidai de consacrer mes dons musicaux à ma quête spirituelle. Je voulais être, comme saint François d'Assise, un troubadour sans toit ni ressources fixes qui chanterait les louanges de la paix. Je ne pouvais absolument pas savoir que cela me rapprocherait de ma véritable mission. Ce livre raconte une aventure incroyable, une histoire vraie qui a commencé pendant l'hiver de 1994. Je faisais partie d'une communauté spirituelle qui étudiait *Le Traité des miracles*, le livre qui a changé ma vie. En ce qui me concerne, en effet, je crois aux miracles. C'est peut-être pour cela que cette aventure m'est arrivée.

La prière de saint François d'Assise

Seigneur, faites de moi l'instrument de votre paix.
Là où il y a de la haine... laissez-moi semer l'amour.
Là où il y a l'offense... le pardon.
Là où il y a des doutes... la foi.
Là où il y a de la détresse... l'espoir.
Là où il y a de l'obscurité... la lumière.
Là où il y a de la tristesse... la joie.
Ô maître divin,
Accordez-moi de ne pas tant chercher
À être consolé... qu'à consoler,
À être compris... qu'à comprendre,
À être aimé... qu'à aimer,
Car c'est en donnant... que nous recevons,
C'est en pardonnant... que nous sommes pardonnés,
C'est en mourant... que nous renaissons
à la vie éternelle.

CHAPITRE PREMIER

L'appel

Prière hindoue pour la paix

Ô Dieu, conduisez-nous de l'irréel au réel.
Ô Dieu, conduisez-nous de l'obscurité à la lumière.
Ô Dieu, conduisez-nous de la mort à l'immortalité.
Shanti, Shanti, Shanti.
Ô Seigneur tout-puissant, que la paix existe
    dans les cieux.
Que la paix existe sur terre.
Que les eaux soient calmes.
Que les herbes soient saines, et que les arbres
    et les plantes apportent la paix à tous.
Que tous les êtres bienfaisants nous apportent la paix.
Que ta loi védique propage la paix dans
    le monde entier.
Que toute chose soit pour nous une source de paix.
Et que ta paix accorde la paix à tous,
    et qu'elle arrive aussi jusqu'à moi.

LES GRAINES DE LA PAIX

Tout d'un coup, ça me sauta aux yeux. Ce n'est que rétrospectivement que je réalisai, au bout de plusieurs mois, combien d'événements disparates il avait fallu pour que j'arrive en Bosnie. On ne les remarque jamais au moment où ils ont lieu. On considère une rencontre fortuite comme une coïncidence. Une toute petite idée en inspire d'autres et déclenche une réaction en chaîne. Des mois, et parfois des années, s'écoulent avant que tous les morceaux du puzzle se mettent en place. J'avais l'impression d'avoir été pris dans un étrange filet cosmique. Après coup, l'enchaînement des circonstances me sembla évident.

Un jour, mon ami David m'avait offert les prières des douze principales religions du monde pour la paix. Il les avait reçues d'un endroit qui s'appelait l'Abbaye de la paix, près de Boston. Je ne savais pas exactement pourquoi il me les avait données, mais je me souviens qu'il avait ressenti une sorte d'inspiration. Quoiqu'il en soit, je ne les avais même pas lues. J'avais ouvert le tiroir de mon bureau et les avais mises avec tous les autres papiers qui ne m'intéressaient pas. Un mois plus tard, David et plusieurs autres amis repartaient vivre à Boston. On parlait d'y créer une communauté spirituelle et, sans connaître la Nouvelle-Angleterre, j'avais très envie d'aller les voir. Je décidai de passer la première quinzaine d'avril avec eux, puis une semaine au soleil en Floride.

En faisant ma valise, je tombai sur les douze prières de paix. Je m'assis et commençai à lire celle des Hindous : « Ô Dieu, conduisez-nous de l'irréel au réel. Ô Dieu, conduisez-nous de l'obscurité à la lumière. Ô Dieu, conduisez-nous de la mort à l'immortalité. Shanti, Shanti, Shanti. » En voyant ces mots, j'eus une sensation bizarre, comme si j'entendais une musique, qu'on me chantait cette prière. Je pris ma guitare et jouai cette mélodie. C'était très beau. La chanson était en train de s'écrire d'elle-même. Je suis musicien et compositeur depuis des années et je n'avais jamais vécu ça. Je finis la chanson et me mis à lire la prière bouddhiste. Je recommençai à entendre de la musique. Je notai tout ce que j'entendais pour chacune des prières. C'était une expérience des plus stimulantes. En un rien, tous les arrangements étaient faits. Cela ne m'avait pas pris plus de dix minutes par chanson. Quelque chose d'incroyable venait d'arriver. Ma vie en serait transformée, je le savais.

En arrivant à Boston, je demandai à David de m'emmener à l'Abbaye de la paix, lieu de retraite et école pour enfants attardés. L'un d'entre eux était mort en 1986, et le directeur des deux institutions, Lewis Randa, avait promis d'emporter ses cendres à Assise, la ville de saint François. Tout à fait par hasard, une conférence s'y déroulait au moment où il est arrivé. Pour la première fois dans l'histoire de l'humanité, les dirigeants des douze religions principales s'étaient rassemblés afin de prier pour la paix. Cela avait tellement impressionné Lewis qu'il avait rapporté aux États-Unis les douze prières de paix, celles que je venais de mettre en musique.

Tous les matins, les enfants de l'école assistaient à un office spécial. J'appelai Lewis dès mon arrivée et lui racontai ce qui s'était passé. Il m'invita à chanter deux ou trois de ces prières le lendemain. Je me sentis tout de suite à l'aise. Nous nous étions mis autour d'une immense table rectangulaire sur laquelle étaient gravés les noms des plus célèbres artisans de la paix. Les enfants faisaient passer une bassine de cuivre pleine d'eau autour de la table. Chacun lavait les mains d'un autre. Puis ils lisaient ces noms. Certains arrivaient à peine à les prononcer, mais il règnait une atmosphère de grâce indescriptible. Lewis me présenta ensuite, et je chantai deux des prières. Ce fut un moment béni. Nous réalisions tous que je n'étais pas là par hasard. Et je savais aussi que je ne repartirais pas au bout de deux semaines.

En décembre, je fus nommé « troubadour de la paix » par Lewis et par les enfants de l'abbaye. J'acceptai de me consacrer à la transmission de ces prières et de cette belle musique. L'année suivante, je devais passer dans tous les États-Unis avec mon « Concert pour la paix ». Un CD venait de sortir et je me préparais à une longue tournée. Le projet initial était de jouer dans des églises et des universités américaines pendant six à huit mois, puis de continuer en Europe durant l'été. C'est moi qui eus l'idée d'ajouter la Bosnie et la Croatie à cet itinéraire. Je sentais que le « troubadour de la paix » se devait d'aller là où il y avait un conflit. Je ne savais pas si je pourrais entrer dans ces pays, ni où je jouerais, le cas échéant. On m'avait demandé de me produire dans un rassemblement marquant le millième jour du siège de la Bosnie-Herzégovine et de la Croatie, et je mourais d'envie de chanter les prières de paix chrétiennes et musulmanes partout où je pourrais dans les Balkans.

Je dois admettre que je ne comprenais pas grand-chose à la guerre. Comme la plupart des Américains, je savais que l'ex-Yougoslavie était sens dessus dessous, et que les Bosniaques et les Croates se battaient pour survivre, mais contre qui? Ce n'était pas clair. Les informations que je regardais parfois étaient, au mieux, sommaires. La souffrance semblait infinie, et c'est pour ça que je voulais y aller. Je faisais délibérément un effort pour ne pas m'impliquer politiquement, de façon à rester impartial. La guerre n'est jamais une affaire de religion, j'en suis sûr. La religion a à voir avec la paix, et je pense que la musique est un moyen de faire comprendre cela aux gens. Je décidai donc de joindre les organisations pacifistes des deux pays pour me faire parrainer. J'envoyai ma demande à tous les organismes humanitaires des Balkans, qui sont à peu près cent cinquante, et attendis.

Plusieurs mois passèrent. Pas de réponse. J'avais déjà des concerts en Allemagne et en Italie, mais avais gardé deux semaines de libres à la fin de la tournée au cas où quelque chose se présenterait. Une amie comédienne de Chicago devait jouer en Europe au même moment que moi. Nous étions tous les deux programmés dans un congrès international pour la paix, à Assise. Elle me donna plusieurs pistes pour organiser d'autres concerts, si rien ne se passait avec la Croatie et la Bosnie. Début mai, alors que j'achevais de préparer la tournée, j'avais presque perdu l'espoir. Je devais partir deux semaines plus tard et étais déjà persuadé que la Croatie et la Bosnie ne feraient pas partie de mon itinéraire. Après l'Allemagne, je comptais prendre un train pour l'Italie et passer trois semaines à Assise. C'était déjà un rêve en soi de voir la ville où les prières de paix avaient été rassemblées, et j'avais toujours rêvé de faire un pélerinage à la maison de saint François. J'étais entré au séminaire à dix-huit ans dans l'idée de devenir un franciscain. J'en étais parti au bout de deux ans, mais n'avais jamais cessé d'aimer saint François « le Pauvre ». J'étais censé parler et jouer au congrès Pax Christe, séjourner deux semaines à Assise et y donner quelques concerts. Comme il semblait bien que je n'irais pas en ex-Yougoslavie, je décidai de rester un mois de plus à Assise pour prier et réfléchir. On me proposa d'animer tous les après-midi une séance de méditation consacrée à la paix dans une petite chapelle, et ce nouveau projet m'allait parfaitement.

Et puis, trois jours avant mon départ des États-Unis, une organisation pacifiste croate me répondit par fax, en mauvais anglais mais clairement : « Nous aimerions vous venir notre ville Rijeka pour chanter chansons de paix. Nous avons besoin beaucoup de paix ici. Pouvez-vous arriver mi-juin? Suncokret (tournesol en croate) est organisation humanitaire et payer tous frais. Nous espérons vous venir. Votre amie, Gordana. »

Je répondis immédiatement par l'affirmative. Mais cela signifiait que je devais tout modifier. Je décidai de passer trois semaines à Assise et deux en Croatie, puis de revenir en Italie. Je cherchai Rijeka sur une carte. C'était la troisième ville du pays, juste à côté de la frontière italienne. Une tournée de concerts implique beaucoup de détails, mais je ne savais pas du tout où je résiderais ni où je jouerais. Je demandai donc des informations supplémentaires avant de quitter les États-Unis, en donnant un numéro de fax à Assise, au cas où ils ne réussiraient pas à me répondre avant trois jours. Je ne reçus aucune nouvelle, et partis pour l'Europe en espérant que le manque de temps ne changerait rien à la proposition de Gordana. Je me forçai à être patient.

Après un petit tour en Allemagne, je quittai Munich à seize heures, partageant un compartiment avec deux jeunes Italiens. Leur anglais était à peine intelligible, mais nous nous sommes beaucoup amusés dans nos tentatives de communication. Un ami m'avait donné un guide de conversation en italien, et nous avons passé presque toute la nuit à le feuilleter dans tous les sens. Je n'ai dormi que quelques heures, mais j'étais beaucoup trop excité en arrivant pour m'en incommoder. L'Italie était aussi belle que je l'avais imaginée. Le train traversait une campagne vallonnée, égrenée de villages pittoresques et romantiques. La gare était située dans la vallée que surplombe Assise. Un autobus emmenait régulièrement les voyageurs au mont Subasio le long d'une étroite route en lacets. La ville a été construite à flan d'une montagne, ses murs de pierre séculaires composant l'endroit le plus magique que j'aie jamais vu. Le bus m'a déposé à la porte principale de la ville, entre les murailles qui la protégeaient dans l'ancien temps. Elles rappellent une époque révolue, celle où saint François lui-même patrouillait dans la région, armé de pied en cap, pour protéger sa ville contre sa voisine, Pérouse.

Presque tout à Assise a été préservé. À part les hôtels et les pièges à touristes, la ville est demeurée semblable à ce qu'elle était il y a plus de huit cents ans : un chef d'œuvre de simplicité et de compassion. Je passai la première semaine en ville, me produisant au congrès Pax Christe, et les deux suivantes à San Masseo, un monastère du onzième siècle transformé en centre pour la jeunesse intéressée par le style de vie franciscain. C'est quelqu'un, rencontré par hasard à Munich, qui m'en avait parlé. Il avait remarqué ma croix franciscaine et m'avait demandé si j'allais à Assise. Il m'avait alors donné l'adresse de San Masseo et le nom de deux prêtres américains, père Joe et père Paul. Il y a jusqu'à cent personnes par semaine à San Masseo, l'été. On passe la matinée à prier tous ensemble puis à travailler dans une oliveraie. L'après-midi est habituellement consacrée au silence et à la prière.

J'y rencontrai un bel Italien, Giovani, adepte de Maher Baba, avatar indien très attaché à saint François, et qui était venu jusqu'à Assise pour dormir dans la grotte secrète que ce dernier utilisait souvent comme ermitage. Giovani en connaissait le chemin et m'y emmena. Nous y rentrions à peine, mais y sommes restés à prier presque une heure. Ce lieu m'a fait un effet très fort et j'ai décidé d'y dormir seul au moins une fois. Avec Giovani, nous avons grimpé au sommet du mont Subasio. À l'instant où nous sommes arrivés sur la plus haute crête, des nuages tourbillonnants nous ont complètement engloutis. J'ai eu l'impression d'être dans un autre monde, jusqu'au moment où tout s'est brusquement obscurci et où un grondement sourd a retenti. Nous nous sommes subitement retrouvés en pleine tempête de grêle. Des petits morceaux de glace nous cinglaient la peau. Nous nous sommes mis à courir, et nous sommes arrêtés en nous rappelant que nous étions en haut d'une montagne. Où aller? La glace s'est transformée en pluie et nous avons fait une merveilleuse promenade de trois heures pour redescendre, trempés jusqu'aux os.

Le numéro de fax que j'avais donné à Gordana était celui d'un couvent de sœurs américaines. Sa directrice était une amie d'ami, et elle était d'accord pour prendre mes messages. J'y faisais un saut tous les jours, et sœur Rozita m'accueillait à la porte. « Rien pour vous aujourd'hui. Désolée, Jimmy. » Une fois à San Masseo, cela devint un peu plus difficile d'y passer. Les gens se font très naturellement des mollets en vivant à Assise. Il n'y avait pas plus de huit cents mètres entre San Masseo et la porte de la ville, mais ils étaient en montée. Je commençais à penser que l'invitation des Croates était tombée à l'eau. Ils n'avaient pas eu le temps de bien organiser les choses. Même si je m'étais réjoui de la partie bosnio-croate de ma tournée, j'étais tout aussi heureux de rester un mois de plus à Assise.

J'étais en train de faire les toilettes du dortoir des hommes lorsque père Joe m'appela. J'avais eu un coup de téléphone de sœur Rozita : un fax venait d'arriver de Croatie. Elle m'attendait à la porte du couvent. Le fax de Gordana m'annonçait que les préparatifs étaient en cours et que les autorisations officielles m'avaient été accordées. Il me fallait partir deux jours plus tard.

Il y avait une journée de train jusqu'à Trieste et la frontière italo-slovène, et une heure et demie de car jusqu'à Rijeka. J'eus un peu de mal à trouver la gare routière, bien qu'elle fût juste en face de la gare de chemin de fer. Contrairement à la plupart des Européens, les Italiens ne ressentent pas le besoin d'apprendre d'autres langues. En cela, ils ressemblent aux Américains. Ce qui est drôle, c'est que mon voyage en Europe m'a fait découvrir la relativité du terme « un peu ». Quand on demande à un Allemand s'il parle anglais, il répond généralement « un peu », et se met à parler mieux que la plupart des Américains. De même avec le Croate moyen, qui dira «un peu » et fera montre d'une prononciation et d'une grammaire excellentes. Mais si vous dites à un Italien « *Io non parlo italiano. Parla inglese?* », vous entendrez bien sûr l'habituel « un peu ». Seulement il s'avérera souvent que son vocabulaire anglais ne va pas plus loin que ces deux mots, et qu'il vaut mieux communiquer par gestes.

L'autocar était plein mais pas bondé. Il y avait un jeune homme brun d'une vingtaine d'années à côté de moi, grand et l'air rude, et il me faisait un peu peur au début. À notre droite, une jolie jeune femme blonde. Et derrière, un homme corpulent aux cheveux blancs qui avait envie de bavarder. Il avait d'ailleurs déjà commencé à le faire avec mon voisin. La jeune femme regardait par la fenêtre, indifférente. Elle avait l'air apeurée et seule. Au bout d'un moment, mon voisin dit quelque chose en croate. Je lui répondis que j'étais américain et que je ne comprenais pas.

« Ah, un Américain, dit-il, soudain très excité. Et vous êtes d'où exactement? »

– À l'origine, de Chicago.

– Oh, Chicago. Michael Jordan. Les Chicago Bulls. Un de nos meilleurs joueurs fait partie des Bulls. Toni Kukoc, vous connaissez?

– Pas personnellement, mais je l'ai vu jouer. »

C'était exactement ce qu'il me fallait. Je suis un grand fan des Bulls, et ça me détendait beaucoup de parler de mon équipe. Je découvris également que les Croates sont presque aussi fous de basketball américain que les Américains eux-mêmes.

« Je suis de Virginie, dit le vieil homme, avec un fort accent croate. C'est première fois depuis vingt-cinq années je reviens dans mon pays. Je travaille dans la construction navale et je suis naturalisé Américain maintenant. Mais j'ai des parents en Croatie, que je n'ai pas vus depuis des années. Avec cette guerre tout a changé et je ne sais pas ce qui leur est arrivé. »

Il se tourna vers la jeune femme :

« D'où êtes-vous? demanda-t-il en anglais.

— De Suède, répondit-elle en se détournant aussitôt.

— De Suède? » continua le vieil homme. Des Américains et des Suédois, en route pour la Croatie... qui vont peut-être se faire tirer dessus. Pourquoi vous allez en Croatie?

— Mon petit ami vit à Zagreb.

— Je déteste Zagreb, dit l'homme à côté de moi. Je rentre chez moi. C'est tout près de la région tenue par ces foutus Serbes. Je les hais. Si je pouvais, je les tuerais tous. J'étais soldat et j'en ai tué plein. C'est rien ici, de tuer. On a tous l'habitude de la mort. Vous êtes assis dans un café, et quelqu'un lance une bombe. Boum! Dix morts. Ça arrive tous les jours. Je viens de travailler six mois en Italie sur un bateau de plaisance. Mais maintenant je rentre. Si les Serbes rentrent dans ma ville, je les tue tous. Vous ne pouvez pas comprendre ça, si vous n'êtes pas croate. Cette guerre dure depuis bien plus que quatre ans. La haine entre Serbes et Croates remonte à très loin. Il n'y a aucun moyen qu'on fasse tranquillement la paix. »

Bien que sidéré par son attitude violente, je savais que c'était une occasion d'apprendre quelque chose sur la situation locale. Peut-être que je pourrais au moins acquérir une idée de base sur qui se battait et pourquoi. Je lui demandai de s'expliquer :

« C'est très simple, dit-il. Les Serbes sont des salauds. Ils pensent que n'importe quelle ville où vivent des Serbes, même en minorité, leur appartient. Cette ville est en Bosnie, tant pis. Elle est en Croatie, pareil. Aucune importance. Si vous n'êtes pas Serbe, il faut que vous partiez. Sinon, vous mourrez. Les Serbes de Bosnie y vivent depuis très longtemps, mais ils sont orthodoxes. Pas catholiques, ni musulmans. Donc ils pensent qu'ils sont serbes. Ils ne veulent pas faire partie de la Bosnie, même si c'est là qu'ils vivent. Moi je pense qu'ils sont complètement désorientés. Comment peut-on être dans un pays et espérer faire partie d'un autre? C'est impossible de faire la paix. La seule solution, c'est que les Serbes quittent la Croatie et la Bosnie. S'ils veulent être Serbes, qu'ils aillent en Serbie. Sinon, il y a encore plein de gens qui vont mourir.

— Mais comment peuvent-ils faire ça? demandai-je. Je veux dire, comment peuvent-ils dire à tous ceux qui ne sont pas orthodoxes de s'en aller uniquement parce qu'ils voudraient être en Serbie?

— Parce qu'ils ont l'armée avec eux, dit-il. Avant, la Yougoslavie était la troisième puissance militaire d'Europe. Quand elle a éclaté, la Serbie a conservé la plupart des armes. La Bosnie n'en a pas et n'a aucun moyen de se défendre. La Croatie en a un peu mais pas assez. Au début les Serbes entraient là où ils voulaient et tuaient tous ceux qu'ils croisaient. Maintenant ils ont pris la plus grande partie de la Bosnie, et en Croatie toute la terre le long de la frontière. Comme la Serbie avait toutes les armes, elle savait qu'elle pouvait faire ce qu'elle voulait. Qui allait l'en empêcher? Les États-Unis?

— En quoi la religion est-elle liée à tout ça? »

— Elle l'est sans l'être. C'est un prétexte pour haïr et tuer. Ça a toujours été comme ça ici. La Croatie est presque entièrement catholique, la Serbie est orthodoxe, et la Bosnie est un peu de tout : musulmane, catholique et orthodoxe. Ce sont les Bosniaques qui ont le plus de problèmes à cause de leur diversité. Les Serbes de Bosnie s'étaient emparés de presque soixante-quinze pour cent de la Bosnie, tandis que ceux de Croatie n'en avaient que vingt-cinq pour cent. La religion n'est qu'un prétexte. Elle n'a d'importance réelle pour personne. Ce n'est qu'une étiquette pour les gens. Ils se disent qu'ils sont catholiques, donc Croates; ou Serbes, donc orthodoxes. Mais ça ne veut rien dire. Ils veulent le pouvoir, et continuer à se haïr les uns les autres. »

Il se tourna vers la jeune femme :

« Et vous pensiez que vous veniez en vacances!

— Mais il n'y a pas de combats près de Zagreb, n'est-ce pas? répondit-elle.

— Non, il n'y a pas de problèmes dans cette région, dit le vieil homme, bien qu'elle ait été bombardée une ou deux fois. Les Serbes ont pilonné le centre-ville, le mois dernier. Il y a eu cinq morts, je crois. Mais c'est sur la frontière avec la Bosnie qu'ils se battent. Ne vous en approchez pas. C'est très dangereux, surtout pour un Américain. Le gouvernement des États-Unis a toujours été pour la Bosnie et la Croatie, alors que la Russie a toujours soutenu la Serbie. Comprenez bien que la Serbie n'a jamais voulu le démantèlement de la Yougoslavie. Ils voulaient continuer à être un pays communiste fort et uni, après la mort de Tito. Mais ça n'a jamais été un pays uni. Même sous Tito, il y avait une différence nette entre les Croates et les autres. Et dès qu'il est mort, nous avons fait sécession, comme les autres. La Serbie est furieuse et croit qu'elle a le droit d'envahir toutes les régions qu'elle désire.

– Et Rijeka? En quoi a-t-elle été touchée?

– Il ne s'y passe jamais rien, dit-il. Rijeka est protégée. Il n'y a jamais de guerre à Rijeka. Même Hitler est passé à travers sans l'attaquer. Et elle est tellement près de l'Italie que les Serbes n'oseront jamais la bombarder. La Bosnie et la Croatie espèrent que l'Europe va agir. C'est notre seul espoir contre la puissance de la Serbie.

– Rijeka est la ville la plus sûre de Croatie, dit le jeune homme. Quand la Croatie a proclamé son indépendance, l'armée yougoslave est sortie de la ville calmement, alors qu'ailleurs, elle a détruit énormément de choses. Rijeka n'est pas touchée par les guerres. C'est très étrange. »

Il changea subitement d'expression et dit, tout excité :

« Les Chicago Bulls étaient la meilleure équipe du monde à l'époque de Jordan. Maintenant ils ne valent rien. »

J'étais content d'en revenir au basketball, mais j'avais beaucoup appris. Et surtout combien la situation était compliquée. Il y avait les Serbes, les Serbes de Bosnie, les Bosniaques, les Croates, sans parler de toutes les petites républiques alignées sur une position ou une autre. Tous les gens que je rencontrais étaient furieux contre la Serbie, mais je savais bien que ce n'était qu'une version du problème. Cela renforçait ma décision de rester neutre et de m'en tenir à la musique. Je n'étais pas sûr que ce serait possible. Cette première conversation me montrait combien la situation était intense sur le plan émotionnel. Ce qui m'intéressait, ce n'était pas de savoir qui avait raison ou tort, mais d'expliquer qu'il devait y avoir une meilleure solution que la guerre. Mais les gens étaient-ils prêts à cela? Je commençais à penser que non. Il y a de la passion dans la guerre, et même dans la mort et l'horreur. La haine est un sentiment passionnel, et si l'on croit que c'est important d'avoir raison dans une discussion, quel qu'en soit le prix, il sera difficile de s'en débarrasser. Désiraient-ils avoir raison plus qu'ils ne voulaient la paix? La réponse était, pour l'instant, évidente.

L'autocar devait traverser deux frontières : celle de la Slovénie, petit pays sur lequel je ne savais pas grand-chose, et celle de la Croatie. L'entrée en Slovénie se fit sans histoires. Le conducteur s'arrêta au contrôle, signa un formulaire, et se remit en route. À l'approche de la frontière croate, je vis des soldats et des tanks, des camions militaires et un char à côté d'un petit bâtiment en briques. Deux soldats montèrent dans le car, qu'ils scrutèrent d'un regard froid, avant de vérifier les passeports. Cela me rendait nerveux, mais ça n'avait pas l'air de gêner mes compagnons. Je croyais que mon passeport était dans ma poche. J'avais tort : je l'avais laissé dans mon sac à dos, qui était dans la soute à bagages. Je le dis au vieil homme.

« C'est pas bien, dit-il assez inquiet. Ils sont très nerveux ici, et ils se méfient des Américains depuis l'arrivée de l'ONU. »

Son avertissement m'effraya. Je n'aurais jamais cru que l'emplacement de mon passeport pourrait porter à conséquence. Mais il faut dire que c'était mon premier voyage dans un pays en guerre. Ce fut enfin mon tour. Un homme à l'expression sévère me réclama mon passeport en croate. Je lui demandai s'il parlait anglais. Il dit :

« Non. Votre passeport, s'il vous plaît. »

Le vieil homme se mit à lui expliquer le problème. Ils discutèrent longtemps. Le vieil homme avait l'air de plaider ma cause, et le soldat d'être en colère :

« Il faut que vous descendiez avec lui, dit mon compagnon. Ils vont venir chercher votre passeport avec vous. Je pense qu'il n'y aura pas de problème, mais il est très fâché. Allez-y et faites bien ce qu'ils vous demandent. »

Le soldat me fit signe de sortir, et je fus escorté de deux soldats.

Au moment où je descendais, le premier me saisit et me plaqua contre le car, tandis que l'autre se dirigeait vers une cahute. Ce ne fut pas vraiment violent, mais j'étais tout de même terrifié. Un instant plus tard, le premier soldat en ressortit accompagné de deux autres, dont l'un portait un fusil automatique. Ils se mirent à discuter tous les quatre à côté de l'autocar. L'un avait l'air d'être leur officier. Les deux premiers lui parlaient, celui qui était armé ne disait rien.

« Vous venez d'où? me demanda l'officier, dans un anglais pas courant, mais compréhensible.

– Je suis Américain, répondis-je nerveusement

– Il paraît que vous avez laissé votre passeport dans votre sac. Est-ce que je peux le voir?

– Bien sûr, lui dis-je. Je n'ai rien à cacher. J'ai juste oublié de le prendre. »

Le soldat recula pour me permettre de me retourner. Le conducteur ouvrit la porte métallique du compartiment à bagages. Je montrai mon sac du doigt et un des soldats le prit.

« Vous pouvez l'ouvrir, me dit l'officier.

Je m'exécutai, sortis mon passeport, et le tendis à l'un des soldats.

« Pourriez-vous nous permettre de voir le reste? » demanda l'officier. J'étais surpris de sa politesse.

Je lui dis qu'il n'y avait pas de problème. Les deux premiers soldats sortirent précautionneusement mes vêtements et examinèrent tout ce qu'il y avait dans mon sac. L'officier m'offrit une cigarette, que je refusai :

« Excusez-nous du dérangement, mais nous sommes obligés de faire très attention, dit-il. Il y a beaucoup de choses qui entrent illégalement dans le pays et nous nous méfions de la moindre anomalie. Pourquoi venez-vous en Croatie?

– Je suis musicien, j'ai été invité par une organisation pacifiste de Rijeka à donner plusieurs concerts. Je dois repartir dans quinze jours.

Les soldats terminèrent leur fouille et refermèrent mon sac. L'officier dit qu'il devait contrôler mon passeport et me donner un visa. Il repartit vers la cahute avec le soldat armé, tandis que les deux autres restaient avec moi. Quelques minutes plus tard, il revint seul et me rendit mon passeport :

« Tout est en ordre, dit-il. Je vous ai fait un visa d'un mois. J'espère que votre séjour se passera bien. »

Je le remerciai et remontai dans l'autocar. J'avais les mains tremblantes. Je repris ma place. Mon voisin riait :

« C'est presque comme Chicago, dit-il. Il ne faut pas se moquer de la police croate. Si vous faites attention, vous n'aurez probablement pas de problème.

– Merci de me prévenir, » dis-je.

Je réalisai enfin où j'étais. La situation était différente en Croatie, il fallait que je m'y adapte. Pas question de continuer à faire des erreurs stupides.

Une demi-heure plus tard, nous traversions les environs de Rijeka avec, à notre droite, l'Adriatique. Rijeka avait l'air d'une ville moderne et bien entretenue. J'appris que c'était un port important, célèbre pour ses chantiers navals. Avant la guerre, la région avait beaucoup de succès auprès des touristes européens. Opatija était une des stations balnéaires les plus connues. Les vacanciers n'y venaient plus depuis le début du conflit, et l'économie en avait grandement souffert. Rijeka était pourtant restée une ville vivante et bien organisée. Je remarquai que la route principale était bordée de constructions modernes. Mais tellement de choses avaient changé depuis la guerre. Le vieil homme me raconta que beaucoup de ces immeubles qui étaient autrefois les élégantes résidences des touristes les plus aisés, servaient maintenant de logements temporaires pour les réfugiés et les personnes déplacées. Malgré tout, les passants semblaient normaux à tous les points de vue. Le communisme de l'ex-Yougoslavie était plutôt doux et libéral par rapport à celui de l'Union soviétique ou de la Chine. Les Croates étaient instruits et voyageaient fréquemment, au moins avant la guerre.

Gordana devait venir me chercher à la gare. Je l'avais appelée de Trieste pour lui communiquer mon heure d'arrivée. Elle m'avait parue agréable et enthousiaste, et m'avait tout de suite fait une impression positive. Je ne savais pas ce qu'elle avait prévu pour mon arrivée. Nous n'avions pas encore parlé d'hébergement ni de dates pour mes concerts, mais j'avais l'intuition que tout irait bien. Il faudrait évidemment que j'expose mon point de vue sur l'organisation des événements. J'étais surtout heureux de vivre cette aventure.

L'autocar entra dans la gare. Je sortis ma guitare du porte-bagages. C'était mon signe de reconnaissance : un étui couvert d'autocollants. Je descendis et me mis à chercher quelqu'un qui aurait l'air de m'attendre.

« Vous êtes le troubadour de la paix? » dit une voix derrière moi.

C'était une jolie femme d'une quarantaine d'années, dont le sourire me mit immédiatement à l'aise.

« Oui, c'est moi. Mais appelez-moi Jimmy.

– Oh, bien sûr. Jimmy, bienvenue à Rijeka. Nous sommes tous enchantés de votre venue. Je m'appelle Gordana. Vous n'avez pas de bagages?

– Si, un sac à dos, là-dessous. »

Je m'approchai de la soute que le conducteur déchargeait. Quand je me retournai, Gordana était avec deux autres femmes, dont une tenait un appareil photo.

« Jimmy, j'aimerais vous présenter deux membres de Suncokret, dit Gordana. Ma grande amie, Snjezana. Et Nela. Ce sont toutes les deux des bénévoles. »

Snjezana me prit spontanément dans ses bras :

« Nous sommes tellement heureuses de vous rencontrer, monsieur le troubadour de la paix, dit-elle. Nous avons prévu plein de choses pour vous à Rijeka.

— Nela ne parle pas anglais, dit Gordana, tandis que Nela me tendait la main. Elle est venue prendre des photos de votre arrivée. »

J'étais pris au dépourvu. Gordana et Snjezana se tenaient à côté de moi pour que Nela nous photographie. J'avais l'impression d'être une célébrité. Deux minutes plus tard, Nela nous a dit au revoir, Snjezana a attrapé ma guitare, et nous nous sommes mis en chemin. Je suis sûr que Gordana aurait porté mon sac, s'il n'avait déjà été sur mon dos.

Nous sommes arrivés dans le centre par un passage qui ressemblait à une rue piétonne. C'était une soirée bruineuse, et les pavés étaient tout glissants. Mes compagnes m'ont demandé si j'avais faim. Elles ont proposé que nous allions nous détendre dans un restaurant voisin, puis à l'hôtel où je passerais ma première nuit. Il était trop tard pour qu'elles m'emmènent là où il était prévu de m'héberger.

Nous sommes entrés dans un petit restaurant agréable du passage. J'ai commandé un repas végétarien et mes amies des boissons fraîches, car elles avaient déjà dîné. Elles étaient assises en face de moi et c'était la première fois que je les voyais vraiment. Elles étaient à peu près du même âge, jolies et chaleureuses. Gordana était bien faite et avait de longs cheveux bruns relevés en chignon. Snjezana, elle, avait des cheveux courts et bruns, des lunettes et un grand sourire magnifique. Ce qui me frappait le plus, c'est qu'elle ressemblait étrangement à ma grand-mère, en beaucoup plus jeune, évidemment. Cela me mettait très à l'aise. En fait, je me suis tout de suite senti bien avec elles. Ma venue en Croatie était peut-être un signe du destin. Mon intuition était en émoi, mais je ne savais pas bien pourquoi.

Gordana et Snjezana m'ont posé de nombreuses questions pendant le repas. Elles voulaient tout savoir de ma vie, de ma musique, et des États-Unis. Quant à moi, j'aurais aimé plus de détails sur la Croatie, mais elles étaient tellement curieuses que j'ai compris que mes questions devraient attendre. Au bout d'un moment la conversation en est venue à la spiritualité, qui passionnait les deux femmes, même si elles n'étaient pas pratiquantes. Elles m'ont interrogé sur mes propres croyances. Je leur ai raconté que j'avais grandi dans le catholicisme, mais que j'avais quelque peu élargi mon point de vue depuis. Je leur ai expliqué que j'étudiais et diffusais les enseignements d'un livre, *Le Traité des miracles*, très célèbre aux États-Unis mais, à ma connaissance, inconnu en Croatie. Elles n'en avaient pas entendu parler. Je commençais à être fatigué, et leur ai promis de tout leur raconter le lendemain.

Nous sommes allés à pied à l'hôtel Continental, qui était apparemment l'un des meilleurs de la ville, où il était presque impossible de trouver une chambre en temps de paix. Mais à présent, il n'y avait pas de touristes. Gordana et Snjezana ont rempli ma fiche et m'ont accompagné jusqu'à ma chambre. Elles devaient rentrer s'occuper de leurs enfants. Je les ai saluées et elles sont parties les larmes aux yeux. Je savais ce qu'elles ressentaient, même si je ne le comprenais pas à l'époque. Quelque chose de mystique était en train de se nouer, j'en étais certain. Mais sur le moment, j'étais trop fatigué pour y réfléchir. J'ai pris un bain et me suis couché.

CHAPITRE DEUX

Le rêve

Prière bouddhiste pour la paix

Que tous les êtres tourmentés partout
par des souffrances du corps et de l'esprit
soient promptement délivrés de leurs maux.
Que ceux qui ont peur cessent d'être effrayés,
et que ceux qui sont attachés soient libérés.
Que ceux qui n'ont aucun pouvoir en trouvent,
et que les hommes pensent à se lier d'amitié
les uns avec les autres.
Que ceux qui se trouvent dans des déserts
sans chemins et inquiétants,
enfants, vieillards ou sans défense,
soient gardés par des anges bienveillants,
et atteignent rapidement la sagesse bouddhique.

LES GRAINES DE LA PAIX

J e me réveillai plein d'une étrange énergie. Qu'est-ce qui m'avait poussé à venir jouer en ex-Yougoslavie? J'étais ici maintenant, serein, comme si j'allais remplir une mission pour laquelle je me préparais depuis toujours. J'étais encore incapable de comprendre mes sensations; j'étais simplement content d'être là.

L'hôtel Continental était à deux pas du bureau de Suncokret. J'avais prévu d'y retrouver Gordana à dix heures. Snjezana travaillait dans une école voisine et avait convenu de déjeuner avec nous. J'essayai de me souvenir précisément de l'endroit où j'étais et de deviner dans quelle direction était le bureau. J'y arrivai avec quelques minutes d'avance et en profitai pour explorer le quartier. L'ambiance ne différait pas de celle de la plupart des villes européennes que je connaissais. Rijeka n'est pas grande, mais le quartier des affaires y est aussi actif que celui de n'importe quelle ville moyenne. Elle est blottie entre l'Adriatique et des montagnes douces et verdoyantes. Il n'y avait aucune trace de la guerre, mais c'était la principale préoccupation de tout le monde.

Les jeunes ressemblaient beaucoup à ceux des États-Unis. Ils écoutaient la même musique et portaient les mêmes vêtements. Et je remarquai devant un cinéma que c'étaient les mêmes films qui passaient dans les deux pays.

Après ce petit tour, je trouvai le bureau dans un vieil immeuble, près du centre. C'était le seul de tout le bâtiment, par ailleurs résidentiel. Suncokret avait la possibilité d'utiliser les toilettes d'un jeune danseur de l'étage. Je grimpai les escaliers décrépits jusqu'au troisième et frappai à la porte. J'entendis Gordana parler et entrai aussitôt. La pièce était minuscule et ne pouvait contenir plus de trois tables. Gordana était installée à celle du milieu :

« Jimmy, mon ami, entrez je vous en prie. »

Je traversai la pièce pour l'embrasser.

« Vous avez bien dormi? »

Elle me fit signe de m'asseoir en face d'elle. Il n'y avait qu'une fenêtre garnie d'une plante verte. Les murs étaient couverts d'affiches et de photos.

« L'hôtel est formidable, lui dis-je. J'ai fait une petite promenade pour humer l'atmosphère.

— Vous verrez, c'est une belle ville, très accueillante. Vous avez déjà pris votre petit-déjeuner? »

Je lui ai dit que non, et elle m'a suggéré de descendre bavarder au café. Il faisait beau et nous nous sommes installés à une table près de la vitre. J'ai commandé un cappuccino. Pas de café américain en Croatie. Celui qu'ils servaient était délicieux, mais par moments j'aurais donné n'importe quoi pour une tasse de Starbucks.

« Dites-moi tout sur Suncokret, s'il vous plaît, dis-je. Quel genre de travail menez-vous?

— C'est une organisation humanitaire qui s'occupe des réfugiés, surtout bosniaques, pour le logement et la nourriture. Nous sommes financés par des donateurs italiens pour la plupart. Nous louons des appartements, distribuons des aliments et des produits de première nécessité, et parfois nous organisons des ateliers. Vous comprenez, le fait de quitter son pays et d'être obligé de vivre ailleurs crée une tension terrible, qui ressort parfois de manière inattendue. Les parents négligent leurs enfants, leur santé, leur bien-être. Nous leur réapprenons la motivation, ça les aide à reprendre espoir. C'est ce qui leur manque le plus.

— Pourquoi vous intéressez-vous à mes concerts?

— Je ne sais pas, dit-elle. Il y avait quelque chose dans votre lettre... J'ai été voir notre directrice, et je lui ai dit que je voulais vous inviter. Elle m'a répondu que nous n'avions pas assez d'argent, et que ce n'était pas de notre ressort. Mais j'étais certaine que vous deviez venir, alors j'ai insisté. Elle a accepté, finalement. Je ne sais toujours pas pourquoi, mais je suis sûre que c'est important que vous soyez là.

— C'est drôle, je ressens exactement la même chose, lui dis-je. Je sentais que je devais venir, bien avant de vous envoyer cette lettre. J'étais fou de joie quand j'ai reçu votre invitation. Et je le suis encore plus aujourd'hui.

— Il y a des choses que nous ne pouvons pas comprendre, je suppose. Nous verrons. »

Nous nous sommes mis à parler de mon programme. Il comprenait plusieurs concerts à Rijeka, un passage à la télévision croate le lendemain, aux nouvelles. Le jour suivant je devais participer à un festival en hommage de saint Vida, le saint patron de la ville. C'était apparemment un grand honneur. Plusieurs autres concerts et interventions étaient prévus à Rijeka et à Zagreb, mais elle n'avait pas encore d'informations précises à leur sujet. J'avais également été convié à jouer à Sarajevo, mais la situation y était très dure et personne ne savait si je pourrais même y arriver. Au bout d'une heure de discussion, nous nous sommes calés dans nos chaises et détendus un peu.

« Hier je vous ai parlé du *Traité des miracles*, dis-je. C'est peut-être le moment de vous en dire plus.

— Oui, c'est une bonne idée. »

Je lui présentai brièvement le livre. Il avait été traduit en plusieurs langues, mais pas en croate. Gordana avait l'air de comprendre de quoi je parlais.

« Vous savez, ça ressemble à un livre qu'un ami m'a donné, dit-elle en fouillant dans son sac, dont elle sortit une pile de chemises en carton. Un livre qu'il a tellement aimé qu'il l'a traduit lui-même en croate. Il l'a tapé à la machine, photocopié, et donné à plein de gens. Ce livre est très connu ici, bien qu'à l'origine il n'y en ait eu qu'une centaine d'exemplaires. Ceux qui l'avaient l'ont reproduit à leur tour. Personne ne savait d'où il venait ni comment il s'appelait, parce que mon copain n'avait même pas mis de titre, mais il a vraiment fait sensation. »

Je pris ses dossiers. Il y en avait six d'environ soixante-quinze pages dactylographiées chacun, très bien faits. J'en ouvris un au hasard, et lui demandai quel était le titre de la page.

« Je n'ai d'autres lois que celles de Dieu » me répondit-elle.

Je faillis tomber de ma chaise. C'était *Le Traité des miracles*! Elle en était déjà adepte sans le savoir. Elle m'expliqua qu'il y avait beaucoup de gens de la région qui l'étudiaient, parfois en groupe, exactement comme aux États-Unis. Par contre, ils faisaient preuve d'un étonnant manque d'intérêt pour l'origine, et même le titre, du livre. Ils se contentaient de le lire et d'en retirer ce qu'ils pouvaient. Gordana me dit qu'un jour une amie lui avait demandé le titre du livre et qu'elle avait répondu sans réfléchir, « Les Exercices de Jésus. » Elle était ravie d'entendre que j'avais animé de nombreux ateliers sur le *Traité*, et que j'avais même vécu dans une communauté qui se consacrait à son étude et à sa mise en pratique. Les morceaux du puzzle commençaient à se mettre en place. Ce n'était peut-être pas tant à l'occasion de mon « Concert pour la Paix » que je me trouvais là. Pour moi, la musique avait toujours été une forme d'enseignement, mais à moins d'être avec des gens qui s'intéressaient au *Traité*, je gardais cet aspect de ma vie pour moi.

Snjezana étudiait elle aussi *Le Traité des miracles*. La raison première de son engagement à Suncokret était son amitié pour Gordana. Il était évident que leur vie reflétait leurs convictions. Elles prenaient part à des groupes de prière et de méditation plusieurs fois par semaine. J'étais stupéfait de découvrir que la Croatie avait à peu près les mêmes groupes que nous. Quand Snjezana nous rejoignit pour déjeuner, elle fut enthousiasmée de la coïncidence. L'affinité que nous avions perçue était réelle. Je sentais cependant qu'elles avaient autre chose à me dire. C'était comme s'il y avait entre elles un secret que j'ignorais mais qui me concernait. C'était peut-être une partie de l'intrigue qui commençait à se révéler. Je pensais qu'on me cachait certains éléments, mais n'étais pas méfiant vis-à-vis de mes amies. Je n'avais pas l'impression d'être en danger ou piégé. Au contraire, j'étais certain de m'être sciemment impliqué dans une merveilleuse aventure.

Après le déjeuner, Gordana et moi avons pris un bus pour le deuxième local de Suncokret, qui assure la plupart des services. Gordana m'avait demandé d'apporter ma guitare. Elle trouvait que ce serait un cadeau sympathique pour les femmes et les enfants qui y assistaient à un atelier. Nous sommes arrivés à un arrêt d'autobus bondé, à deux pas du bureau et à cent mètres de l'Adriatique, sur l'avenue principale. Gordana m'avait acheté une carte de transport. Après un court trajet, nous avons grimpé plusieurs escaliers vers le haut d'une pente raide. Puis, le long du trottoir, j'ai remarqué un vieil homme qui écaillait des poissons, juste devant sa porte. Il nous a souri et fait un signe de tête. Deux femmes et un homme fumaient des cigarettes devant nous. Gordana les connaissaient tous. Je leur ai souri et nous sommes entrés dans l'immeuble.

Ce bureau était plus grand que le premier, mais on y était tout de même à l'étroit. Presque tout le monde était entassé dans une pièce de la taille d'un salon moyen. La plupart fumait, et j'avais du mal à m'y faire. Il semble que cette région d'Europe n'a pas encore adopté le mouvement anti-tabac. La pièce était un embrouillamini de fumée et de voix.

Huit enfants, assis autour d'une table, travaillaient sur un projet artistique. Cinq ou six femmes parlaient debout. Elles s'arrêtèrent dès qu'elles me virent. Gordana me présenta en croate comme « Jimmy, le troubadour de la paix. » Les femmes s'avancèrent toutes en même temps en me tendant la main. Certaines m'accueillirent en anglais, d'autres en croate. Elles étaient toutes franchement heureuses de me voir.

« Vous pouvez saluer les enfants en anglais, si vous voulez, » dit Gordana.

Je me tournai vers la table :

« Vous parlez anglais? » leur demandai-je.

Au début ils ne dirent pas un mot, mais Gordana les encouragea.

« Nous parlons un peu anglais d'école, dit finalement une petite fille.

— Quel âge as-tu?

— Neuf ans.

— Tu sais, j'ai une fille du même âge que toi. Elle s'appelle Angela. Comment vous appelez-vous? »

Les enfants firent le tour de la table pour me dire leur nom. Puis je leur demandai sur quoi ils travaillaient.

« Nous faisons des tee-shirts pour le festival de saint Vida, dit l'un d'entre eux.

— C'est magnifique, lui dis-je en lui serrant la main. Vous parlez tous tellement bien anglais, bien mieux que moi croate. »

Les enfants éclatèrent de rire.

« Ces femmes travaillent toutes pour Suncokret », me dit Gordana en me les présentant. Tandis qu'elle parlait, je remarquai une jeune femme qui entrait. Elle n'avait pas l'air de s'intéresser à moi ni à ce qui se passait. Elle alla s'asseoir avec les enfants.

Je me penchai vers Gordana :

« Qui est-ce? demandai-je en la lui montrant.

– Oh, je suis désolée. C'est Nadina. Elle est responsable de notre ligne d'urgence. Nadina, dit-elle en se tournant, c'est Jimmy qui vient d'Amérique. »

Elle sourit avec un signe de tête. Bien qu'elle n'eût rien dit, j'étais sûr qu'elle parlait anglais. C'était une femme à la peau brune, à l'air intéressant, aux cheveux courts et bouclés, qui portait un rouge à lèvres foncé. Elle avait un regard pénétrant, je m'en rendis compte quand elle me lança un coup d'œil furtif. Je lui souris, et elle se détourna immédiatement. Il y avait plusieurs femmes autour de moi, qui me posaient des questions. Au bout d'un moment, je les priai de m'excuser et parti prendre un verre d'eau, puis m'approchai de Nadina.

« Vous travaillez avec les enfants? lui demandai-je.

– Pourquoi supposez-vous que je parle anglais? dit-elle d'un ton légèrement mordant.

– Parce que Gordana nous a présentés en anglais et que vous aviez l'air de comprendre.

– Ce n'est pas difficile de comprendre « Nadina, c'est Jimmy qui vient d'Amérique ». Même sans savoir l'anglais j'aurais su ce qu'elle voulait dire. Non, je ne travaille pas avec les enfants. Ils sont ici à cause de l'atelier que suivent leurs mères. Je m'occupe de la ligne SOS pour les gens qui veulent se suicider.

— Je comprends que ça puisse vous rendre nerveuse, dis-je avec un sourire.

— Qu'est-ce qui vous fait penser que je suis nerveuse? Peut-être que je n'aime pas les Américains trop sûrs d'eux.

— Pourquoi n'aimeriez-vous pas les Américains? Et qu'est-ce qui vous fait croire que je suis sûr de moi? »

Elle eut l'air de se radoucir :

« Je suis désolée. En fait, j'adore les Américains et je veux vivre aux États-Unis. Je suis furieuse parce que je ne peux pas quitter ce satané pays pour aller où je veux. Vous savez, je suis bosniaque, comme ces enfants. Je suis réfugiée. Et personne ne veut des réfugiés. Nous sommes trop nombreux. J'ai fait des demandes d'immigration auprès des États-Unis, du Canada et de l'Allemagne, mais ils disent tous qu'ils ont déjà laissé entrer assez de Bosniaques. J'ai vingt ans, je ne peux pas faire d'études, ni trouver un vrai travail. Et je ne peux pas rentrer non plus, parce que je pourrais me faire tuer. J'imagine que ça rendrait n'importe qui nerveux, non? »

J'avais tout de suite bien aimé Nadina. Elle était honnête et ardente. Mais j'étais aussi attiré par sa vulnérabilité. C'était un aspect de la guerre dans les Balkans que je n'avais pas encore vu. Rijeka n'était pas sur la trajectoire des tanks et des fusils, mais était sans cesse envahie de réfugiés. Et la Croatie les laissait entrer tout en les ignorant. On leur donnait le gîte et le couvert, mais pas les choses qui nous paraissent les plus évidentes. Il leur était difficile d'obtenir un permis de travail. Beaucoup de Croates semblaient mépriser les Bosniaques, simplement parce que la Croatie s'en sortait un petit peu mieux. Mais un réfugié n'a pas le choix. Forcé de quitter son foyer, il se retrouve là où il peut. Pour quelques-uns qui reçoivent un billet pour un pays plus calme et une nouvelle vie, la plupart vivent dans des camps de réfugiés qui n'offrent aucun espoir de vie normale.

Nadina avait au moins la chance de ne pas devoir vivre dans un camp de réfugiés. Suncokret lui avait procuré un petit appartement où elle vivait avec sa mère Neda et son frère Ned. Ils travaillaient tous les trois d'une manière ou d'une autre pour Suncokret. Elle répondait aux appels des gens en détresse, sa mère dirigeait le bureau, et son frère était homme à tout faire. Je présumai que d'autres personnes avaient ce genre d'arrangement avec l'organisation, mais ne savais pas combien venaient de Bosnie et combien étaient Croates, comme Gordana et Snjezana. Elles avaient toujours vécu à Rijeka, elles n'étaient pas mariées et avaient chacune un enfant, la première un garçon et la seconde une fille.

Gordana me demanda si j'accepterais de chanter un chanson pour le groupe. Cela faisait apparemment un bon moment qu'ils attendaient. Je sortis ma guitare et m'assis sur une chaise. J'entonnai ma version de la prière de saint François. La pièce était calme. Quand j'eus fini, je cherchai Nadina des yeux. Elle s'était détournée, mais j'étais sûr qu'elle pleurait.

« C'est tellement beau, dit une des femmes, il faut que vous jouiez pour nous tous les jours. »

Je restai une bonne heure au local. J'étais content d'en apprendre plus sur leurs vies. J'étais là précisément pour m'impliquer personnellement. Nous étions déjà en fin d'après-midi, il était temps de partir vers mon nouveau logis, un dortoir situé au-dessus d'un jardin d'enfants de Kostrena, une petite ville des environs. Quelqu'un nous offrit de nous y emmener. En partant, je lançai un regard à Nadina, qui me sourit brièvement. Dès lors, j'eus la certitude que nous allions devenir très amis.

Le jardin d'enfants était à une rue de l'Adriatique. Quelqu'un nous y attendait, qui me fit visiter le premier étage. Il comprenait cinq chambres de cinq lits chacune et servait d'auberge de jeunesse pendant l'été, mais était vide. Ayant la possibilité de choisir, je pris la chambre avec vue, qui avait un balcon donnant sur la mer et sur un cerisier plein de fruits mûrs. Cela me ferait de délicieux petits-déjeuners. Je posai ma guitare et mon sac à dos sur le lit et raccompagnai Gordana à la voiture.

« C'est ma première journée en Croatie, lui dis-je. Mais j'ai l'impression d'être ici depuis un an.

– Vous nous avez été envoyé d'en-haut, Jimmy. J'en suis sûre, même si je ne sais pas pourquoi, et j'ai la sensation que nous sommes partis pour une grande aventure.

– Moi aussi, Gordana. Mais je crois aussi que vous en savez plus que vous ne le dites. Il y a quelque chose que je ne sais pas? »

Elle était mal à l'aise, comme si elle ne pouvait pas parler :

« Tout ce que je peux dire, c'est que vous n'êtes pas là par hasard. Personne d'autre ne pourrait remplir votre mission. Je n'en sais pas plus, si ce n'est que nous serons avertis, quand le temps viendra. »

Ces paroles semblaient quelque peu menaçantes.

« Je ne comprends pas, dis-je. On dirait que vous ne m'avez pas fait venir que pour la musique, alors que vous ne pouviez pas savoir que j'anime des séminaires, que j'ai écrit un livre il y a quelques années, ou quoi que ce soit d'autre à mon sujet.

– Quel genre de livre?

– Un roman mystique qui s'appelle *Les Secrets de l'amour sans condition*. Je l'ai publié par mes propres moyens, ça n'a jamais été un best-seller. »

Gordana me sourit et me serra dans ses bras.

« Je ne sais même pas quoi dire. Mais je crois que nous saurons tous très vite quoi faire. Je suis heureuse que vous soyez là. Quand j'ai reçu votre lettre, j'ai eu une sensation très bizarre, comme si je vous connaissais déjà. Je savais que c'était important, sans comprendre pourquoi. Je suis sûre que nous allons tous être surpris de ce qui va se passer. Pour l'instant armons-nous de patience. »

La patience n'a jamais été mon fort. J'étais intrigué, je voulais tout savoir, tout en étant persuadé qu'elle m'avait dit ce qu'elle savait.

Elle monta dans la voiture de son amie :

« Bonne nuit. Venez au local demain matin, dit-elle par la fenêtre. Snjezana ne travaille pas, nous pourrons passer la journée tous les trois. Le journal télévisé est à seize heures trente. *Ciao, Bok.* »

Je devais apprendre que ces deux derniers mots signifiaient littéralement « Au revoir, Dieu », salut courant dans cette région de Croatie. En y repensant, je le trouve parfaitement approprié, vu tout ce qui nous attendait.

J'allai me coucher tôt, l'esprit noyé dans tous les événements des deux derniers jours. Mon arrivée à Rijeka avait été empreinte d'une énergie puissante, que je n'étais pas encore capable de décrire. Je savais seulement que j'étais plein d'élan et un peu désorienté. Cela s'était accru le deuxième jour, au fil des révélations et des contacts nouveaux. Et puis j'étais dans un pays en guerre, sans me rendre encore compte de ce que cela voulait dire. Je rangeai mes affaires, et me glissai dans le bas d'un des petits lits superposés.

Cette nuit-là, je fis un rêve extraordinaire. Je courais tout seul dans une forêt, perdu et en danger de mort. J'entendais des pas, comme si quelqu'un me poursuivait. J'étais presque à bout de souffle. Les pas se rapprochaient. Je ne voyais rien d'autre que cette forêt touffue, et ne savais quelle direction prendre.

Soudain je ressentis l'obligation, presque comme une voix, de rester parfaitement immobile. J'eus d'abord peur, mais c'était si fort que je fis ce qui m'était dicté. Je m'arrêtai et retins ma respiration.

Les pas étaient tout proches. Je compris que j'étais poursuivi par plusieurs personnes : cinq soldats armés sortirent des broussailles et me dépassèrent. L'un d'eux faillit m'écraser le pied, mais aucun ne me vit. Ils continuèrent leur course pour disparaître dans la forêt.

Je m'effondrai, terrorisé et paralysé. Me cherchaient-ils? Étaient-ils plus nombreux? Qui étaient-ils? Rien n'avait de sens. Puis j'entendis une sorte de pulsation, comme si j'avais la tête contre la poitrine de quelqu'un. Les battements s'amplifièrent jusqu'à ce que je me relève. D'où venaient-ils? Je regardai alentour, sentant que tout s'estompait. Mais non, c'était quelque chose d'immense qui était en train de prendre forme devant moi. Cela devint de plus en plus précis et je finis par distinguer les contours d'une maison en forme de dôme. Elle prit une minute à se matérialiser complètement. Je m'en approchai. Il n'y avait personne d'autre.

Je l'examinai : le dôme, composé de centaines de plaques de bois à douze côtés, reposait sur douze murs. J'aperçus une porte en bois, la touchai à peine. Elle s'ouvrit.

Une odeur merveilleuse de terre et d'encens s'en échappait. Tout en haut de la coupole interne se dressait un énorme cristal entouré de douze lanternes. Une fois mes yeux adaptés au changement de lumière je vis, tout au centre, des marches qui entraient dans les profondeurs de la terre. Sinon, la pièce était vide. Je me dirigeai vers l'escalier. Tout était silencieux, mais il était illuminé par des lanternes et je me mis à le descendre. Il était étroit, avec des murs de terre froids et humides. Je me demandais où il menait quand je vis qu'il aboutissait à une porte de toile.

J'écartai ce tissu sans entrer dans la grande pièce blanche, éblouissante bien qu'elle ne comporta aucune source de lumière. C'était difficile à évaluer, mais elle devait faire au moins trente mètres de pourtour. Comme tout le reste, elle avait douze côtés. Sur le sol, une espèce de diagramme partait du milieu et formait les douze rayons d'une roue. Un homme était assis en son centre, et avait l'air de méditer. Puis il ouvrit les yeux comme s'il venait de sentir ma présence.

« Entrez, je vous en prie, » dit-il d'une voix profonde et assez forte pour traverser cet espace. Je franchis le seuil et m'approchai. L'homme me regardait en souriant. Il avait quarante ou cinquante ans, des cheveux foncés drus. C'était un Américain. Sa voix était puissante, mais m'apaisait totalement. J'enjambai le trait épais qui semblait encercler les douze rayons. Ceux-ci n'étaient pas des lignes droites, mais des centaines de petits symboles antiques. Je marchai doucement sur l'une des douze sections et arrivai à quatre mètres de cet homme.

« Asseyez-vous par terre, dit-il. Ne vous inquiétez pas, c'est très propre. Savez-vous pourquoi vous avez été amené jusqu'ici?

— Je ne sais même pas où je suis, dis-je.

— Vous êtes là pour apprendre la paix, dit-il. Pas le genre de paix que comprend le monde, mais une paix sans contraire, qu'on ne trouve pas dans le monde extérieur, qui s'exprime ici par la Lumière Divine, c'est-à-dire l'extension d'une énergie qui est le fondement même de la vie. Une fois que vous aurez appris ceci, vous pourrez l'enseigner. C'est la raison de votre présence : parce que le monde a besoin de comprendre enfin comment créer le Royaume Pacifique, qui repose sur l'amour, et non la crainte. »

— Mais pourquoi suis-je ici? Je veux dire, ce n'est qu'un rêve, je le sais bien, mais j'ai en même temps l'impression de ne pas dormir. Vous dites que j'ai été « amené ». Que voulez-vous dire? Je suis ici parce que je l'ai voulu. J'ai demandé à venir en Croatie et en Bosnie. Personne ne m'a forcé. Et d'ailleurs, ce n'est qu'un rêve, n'est-ce pas? Je vais sans doute me réveiller et tout oublier.

– Peut-être, répliqua-t-il calmement. Mais que vous oubliiez ou pas, vous êtes ici pour une raison précise, quelle que soit celle que vous imaginez. Tout se passera comme il le faut. Soyez tranquille et patient, tout va bien.

– Qu'est-ce que cet endroit?

– Il existe, sous une forme ou une autre, ici ou ailleurs, depuis des milliers d'années. C'est l'endroit des Émissaires de la Lumière. La roue sur laquelle vous êtes assis est très importante parce que c'est là qu'est fait pour l'humanité un choix qu'elle est encore incapable de faire pour elle-même – le choix de la Paix. C'est à partir de cette roue que l'énergie de la Lumière Divine, ou Paix, se répand dans le temps et dans l'espace. Jusqu'à présent, la conscience de la planète a été incapable de soutenir ce champ énergétique toute seule. Ce lieu a par conséquent existé secrètement dans les régions du monde où l'énergie était la plus intense, là où éclataient la violence et la discorde. Aujourd'hui, la conscience générale est prête à passer au stade suivant de l'évolution. Ce lieu physique n'aura bientôt plus à répandre la Lumière Divine, parce que des petits groupes et des individus seront assez forts pour le faire par eux-mêmes.

Et c'est pourquoi vous êtes ici, pour connaître la Lumière Divine et apprendre à la propager comme le font les Émissaires. Ensuite vous enseignerez cette connaissance. Le monde en a faim. Ces secrets ont déjà été transmis à certains, qui les ont exprimés de diverses manières. Votre mission sera un peu différente car elle consiste à parler de nous, les Émissaires de la Lumière, au monde. Il est capital que les gens comprennent le choix que nous avons fait pour eux, afin de commencer à le faire pour eux-mêmes. Vous recevrez tout ce dont vous avez besoin au fur et à mesure. Vous avez été amené ici parce que vous êtes capable de faire cette transition vous-même, et déjà assez libre pour ne pas tomber dans les pièges que vous rencontrerez.

– Quel type de pièges? demandai-je.

– Vous verrez très vite. C'est assez pour l'instant. Vous vous souviendrez de tout cela et, le temps venu, vous reviendrez en ce lieu. Pour l'heure, n'oubliez pas d'être patient. »

C'est la dernière chose dont je me souviens. J'hésite même à parler d'un rêve, car il avait l'air tellement réel. Je me réveillai complètement revigoré, en me demandant si j'allais raconter quoi que ce soit à mes amies croates.

Le bus menant au centre de Rijeka s'arrêtait devant le jardin d'enfants. Quand je descendis, le matin, le rez-de-chaussée était déjà plein d'enfants. Je ne savais pas si les enseignants étaient au courant de ma présence; ils avaient l'air surpris de me voir. Je dis bonjour et sortis dans la rue.

Le jardin d'enfants était sur la route qui borde l'Adriatique. Je décidai de faire une promenade au bord de la mer avant de prendre mon bus. Je longeai des maisons et des petits hôtels pleins de charme. Il fallait à peu près cinq minutes pour arriver à la plage, bordée par une allée en ciment qui commençait sans doute près du centre-ville et continuait sur plusieurs kilomètres en traversant des quartiers conçus pour les touristes et les vacanciers. Je dépassais plusieurs petits restaurants et cafés, tous agrémentés d'une terrasse aux parasols multicolores. Presque tous vides, ils témoignaient de l'effondrement du tourisme. On voyait tout de suite pourquoi c'était, en temps normal, un coin très prisé : l'eau clapotait, limpide et calme, autour de rochers et de montagnes majestueux. Ici et là, une femme prenait le soleil sur le sable, et un pêcheur assis regardait sa ligne flotter paresseusement. Sinon, la côte était déserte.

Je remontai à la route principale et attendis mon autobus.

J'arrivai rapidement dans le centre. Snjezana m'attendait à l'arrêt, un panier dans une main et une thermos dans l'autre.

« On va faire un pique-nique pour le petit-déjeuner, me dit-elle. J'ai du café, du lait, des petits pains et du fromage. Si vous voulez autre chose, on peut passer au marché.

— Génial, quelle bonne surprise. Où va-t-on?

— Dans le parc. Il est tout près. Gordana doit assister à une réunion, elle nous retrouvera dans l'après-midi. D'ici là, vous êtes tout à moi. »

Snjezana avait quelque chose de merveilleux. Dès que nous nous étions rencontrés, je m'étais senti proche d'elle. Elle avait un côté enfantin que j'adorais, en plus d'une force, d'une espèce de solidité, indescriptible. Contrairement à Gordana, elle était très sûre d'elle, et n'avait pas honte d'exprimer ses sentiments. Pourtant elle possédait une forme de sagesse éternelle. Je savais que je pourrais compter sur elle.

Nous sommes entrés dans un petit parc, le long d'une rivière qui se jetait dans l'Adriatique. Des barques attachées à des poteaux de bois se balançaient sur l'eau. L'autre rive était bordée par une route très fréquentée. Nous nous sommes assis et avons sorti nos victuailles. Il faisait chaud et beau. Nous étions entourés de petits groupes de jeunes gens qui riaient et écoutaient de la musique américaine ou britannique. Beaucoup portaient des casquettes et des tee-shirts des Chicago Bulls.

« Jimmy, je voudrais que vous nous fassiez une conférence sur *Le Traité des miracles*. Ça intéresserait énormément de gens, ici. Il y en a beaucoup qui l'ont lu, mais qui n'arrivent pas à tout comprendre. On pourrait avoir une salle du centre-ville et coller des affiches. Ça attirerait au moins vingt ou trente personnes.

— Qu'est-ce qu'ils n'arrivent pas à comprendre?

« – Je ne sais pas si c'est à cause de la traduction, mais le livre est très difficile à saisir. Je l'apprécie énormément, mais j'ai besoin d'aide moi aussi. C'est peut-être pour ça que vous êtes ici, pour nous aider à apprendre. »

Nous nous sommes entendus pour organiser une soirée deux semaines plus tard. Je croyais encore que j'allais rentrer en Italie vers cette date, mais ne pouvais renoncer à l'idée de donner une conférence sur le *Traité*. Snjezana pouvait demander au directeur de son école de nous prêter une salle. Sinon, Suncokret disposait d'un grand appartement vide, en plein centre.

« Snjezana, j'ai fait un rêve très bizarre cette nuit. » J'avais décidé de découvrir ce que Gordana et elle savaient de ce qui m'arrivait. Je lui racontai mon rêve le plus précisément possible. Elle m'écouta attentivement, et ne dit rien pendant un moment. Elle me souriait.

« Qu'est-ce que ça veut dire, selon vous? demanda-t-elle enfin.

– Je n'en ai pas la moindre idée, mais je me demande si ça évoque quelque chose pour vous. »

Elle demeurait silencieuse. Et puis elle me prit la main :

« Jimmy, il y a beaucoup de choses qui se passent en Croatie que je ne comprends pas. Nous vivons une guerre terrible depuis quatre ans, avec plein de morts et plein de haine partout. C'est une période sinistre pour ce pays, et pour le monde. Vous faites peut-être ces rêves à cause de votre désir d'aider la paix.

– C'est pour ça que je suis venu, dis-je, pour présenter mon « Concert pour la paix ». Mais il se passe autre chose. Je le sens. Je fais des rêves incroyables, et j'ai l'impression que Gordana et vous, vous en savez plus que vous ne le dites. Je vous en prie, Snjezana, si vous savez quelque chose de plus, dites-le moi.

– Presque rien, dit-elle. Tout ce que je sais, c'est que vous n'êtes peut-être pas ici pour la raison prévue. Le fait que vous soyez ici en ce moment a peut-être l'air d'un hasard, mais votre venue a été décidée.

— Mais par qui?

— C'est ce que je ne comprends pas. C'est quelqu'un que vous allez rencontrer plus tard qui a demandé à Gordana de vous inviter. Il s'appelle Duro. Gordana lui a montré votre lettre, et il a dit que c'était vous qui étiez censé venir en Croatie pour « révéler la Lumière », ou quelque chose de ce genre. Il a expliqué à Gordana que c'était très important. Nous n'avons pas compris, mais nous avons confiance en lui. C'est un homme bon, plein de sagesse. Il fait partie d'une communauté, quelque part dans la montagne, qui soigne et guérit d'une manière spéciale, exactement comme dans votre rêve. Mais il ne nous a rien dit de plus sur vous, si ce n'est de vous faire absolument venir. Il viendra vous voir quand il le faudra.

— Autant dire que j'ai été manipulé!

— Pas vraiment, dit-elle en riant. Je suis sûre que vous allez donner de nombreux concerts, et j'en suis enchantée également. Le reste viendra en temps voulu. Et à ce moment-là nous comprendrons tous.

— Que savez-vous de cette communauté?

— Rien. Il ne m'en a jamais parlé. C'est très secret. Personne ne sait ni ce que c'est, ni où elle est. Mais Gordana m'a dit qu'ils pratiquent une méditation faite pour apporter la paix au monde; je n'en sais pas plus. »

J'étais stupéfait de cette révélation.

Avais-je été manipulé? Qui était ce Duro, pourquoi pensait-il que je devais venir dans une région en guerre? J'eus soudain très peur. Les questions se bousculaient dans mon esprit. Étais-je tombé sur des malades mentaux, dans un pays totalement inconnu? Que m'avaient-ils préparé? Pendant un instant, je songeai à prendre le premier train pour Rome et à rentrer chez moi. En dehors de mes prémonitions, je n'étais pas prêt à affronter une chose pareille, ni à être retenu prisonnier dans un pays étranger et hostile.

« Jimmy, ne vous inquiétez pas, dit Snjezana. Au fond, vous savez que vous êtes en sécurité, que Gordana et moi, nous ne permettrons pas que quelque chose vous arrive. Il faut que vous nous fassiez confiance, même si nous ne savons nous-mêmes pas grand-chose. Je pressens que quelque chose de merveilleux est sur le point d'arriver, et je n'en demande pas plus. Le reste viendra quand il le faudra. »

Cet après-midi-là, je passai au journal télévisé. On semblait s'intéresser réellement à mes raisons de venir en Croatie, et à ma musique. Ma musique. C'était pour ça que j'étais là, pas pour me faire entraîner dans un monde mystique imaginaire. Je me fiais à Snjezana et à Gordana, mais j'étais inquiet. Pourtant je faisais exactement ce que j'étais venu faire. Je venais de parler de la paix à la télévision. J'avais plusieurs concerts de prévus, et avais rencontré des gens fantastiques. Quoi qu'il advienne, j'étais en train de réaliser mes projets, et me sentais incapable d'interrompre ce qui m'attendait.

CHAPITRE TROIS

Les choses comme elles sont

Prière zoroastrienne pour la paix

Nous prions Dieu d'éliminer
toute la misère du monde :
pour que la compréhension triomphe
sur l'ignorance,
la générosité sur l'indifférence,
la confiance sur le mépris,
et la vérité sur le mensonge.

LES GRAINES DE LA PAIX

C 'est parfois palpitant d'être dans un pays étranger. D'un côté j'étais totalement inconnu; de l'autre, après le journal télévisé, j'étais devenu une sorte de célébrité. Les gens me reconnaissaient dans la rue et semblaient me féliciter, mais je n'en étais jamais complètement sûr. Ils me souriaient et faisaient mine de jouer de la guitare. S'ils ne parlaient pas anglais, il était difficile de savoir ce qu'ils me disaient.

Le lendemain, je retrouvai Gordana au local de Suncokret où j'avais joué deux jours plus tôt. Il était plus calme, mais j'appris assez vite que tout fonctionne différemment en Croatie. Le bureau était constamment enfumé, il y avait beaucoup plus de monde qu'il n'en pouvait contenir, et le matériel de bureau manquait. Rien à voir avec les États-Unis. Et c'était pire depuis la guerre. Mais malgré le désordre, on voyait bien que tout le monde était très impliqué. Des réfugiés complètement démunis entraient et sortaient sans cesse. Certains avaient besoin de nourriture pour leurs enfants. D'autres qu'on paie leur loyer. Suncokret ne pouvait tout assumer : il en aidait beaucoup, mais en adressait d'autres à des organismes plus adéquats.

Deux concerts étaient prévus à Zagreb, la capitale. Je devais jouer et être interviewé lors d'une grande émission de télévision, et devais donner mon « Concert pour la paix » dans une église catholique de la ville. Nadina, à qui l'on avait demandé de participer à ce projet, résistait, mais je commençais à croire que c'était dû plutôt à son caractère qu'à son manque de goût pour mon travail. En fait, je sentais que Nadina m'aimait beaucoup, bien qu'elle critiquât constamment mon « attitude typiquement américaine ». Sa virulence m'enchantait, même quand elle s'exerçait à mes dépens. Au bout de deux heures, je l'invitai à prendre un café avec moi.

« Pourquoi voulez-vous aller aux États-Unis? lui demandai-je dès que nous fûmes assis.

– C'est surtout pour partir d'ici, dit-elle. Je préfèrerais rentrer chez moi, mais c'est impossible. Je voudrais retrouver ma vie d'avant, quand j'allais à la fac, que j'avais plein d'amis, que je pouvais voyager partout en Europe. C'était facile de prendre un train pour l'Italie, pour une semaine. Maintenant on nous traite comme des pestiférés. Aucun pays ne nous donne de visa, parce qu'ils ont peur que nous ne repartions plus. C'était mieux sous le communisme.

Un jour que j'allais partir en cours, quelqu'un a frappé. Un soldat serbe, qui nous a dit que nous avions vingt-quatre heures pour quitter la maison et évacuer la ville, sinon on nous fusillerait. Mon meilleur ami, qui habitait dans cette rue, a été emmené dans une voiture. On ne l'a plus jamais revu. Ils faisaient immédiatement disparaître tous ceux qu'ils soupçonnaient de nationalisme. Je n'avais jamais imaginé que des choses pareilles pourraient se produire dans mon pays. Ma mère, mon frère et moi avons dû mettre quelques objets dans trois sacs poubelle et partir. Nous ne savions pas où aller, n'avions pas de voiture, rien. Tous les musulmans sont partis à la queue leu leu vers l'inconnu.

Nous avons fait du stop, été pris par des camions, et continué à pied jusqu'à la frontière croate, puis Zagreb. Maman était déterminée à ne pas vivre dans un camp de réfugiés. Ce sont des endroits sinistres, horribles, sans espoir pour personne. Mais un réfugié ne peut pas faire grand-chose dans un pays étranger, même si ce pays faisait partie du sien quelques années plus tôt. Nous avons d'abord habité chez un ami, ensuite maman a trouvé un travail, pas légal, mais on la payait en espèces et on ne lui demandait pas de papiers. Elle a même réussi à nous faire continuer nos études. Mon frère faisait une école de commerce et moi, j'ai fini ma formation d'infirmière. Les choses avaient l'air d'aller bien. J'aimais beaucoup Zagreb. J'avais beaucoup d'amis et allais danser presque tous les soirs. Et là, ma mère a décidé de partir pour Rijeka. Je ne sais même pas pourquoi. Je n'avais pas le choix, j'ai dû venir, même si je déteste cette ville. Il n'y a rien à faire ici, et pas d'endroit pour les jeunes.

Si je pouvais partir aux États-Unis, j'irais à l'université et je ferais quelque chose de ma vie. Tout est fini pour moi ici. Même si la guerre se terminait demain matin, ce ne serait plus jamais pareil. Il y a trop de haine et de blessures. Un de mes copains est parti en Caroline du Sud, où il a de la famille. Mais c'est très dur d'entrer dans un autre pays, surtout aux États-Unis. Alors je vais devoir rester ici toute ma vie à ne rien faire. »

Je me demandai si je pouvais l'aider. Son histoire me touchait profondément. Elle me fit comprendre combien j'étais privilégié en tant qu'Américain qui n'a qu'à montrer son passeport pour que les portes s'ouvrent. C'était difficile de réaliser à quel point ce petit livret me distinguait de Nadina, qui ne pouvait aller nulle part. Elle venait d'un pays en guerre. Comme elle, des centaines de milliers de réfugiés – des gens dont la vie avait été normale et paisible – avaient soudain été chassés de leur propre ville, simplement pour avoir pratiqué la principale religion de leur pays.

« Je peux peut-être vous aider à entrer aux États-Unis.

– N'en parlez même pas. J'en ai assez des gens qui me disent qu'ils vont faire ceci ou cela, et qui ne font rien.

– Je ne sais pas ce que je peux faire, mais je voudrais essayer. On pourrait aller ensemble à l'ambassade, à Zagreb, et leur demander ce qu'il nous faut.

— Mais on ne peut pas arriver comme ça, à l'ambassade des États-Unis, et demander ce genre de choses. Vous ne vous rendez pas compte. Leur travail consiste précisément à se débarrasser des gens comme moi, et ils le font très bien. Ils savent que je veux y aller parce que je ne veux plus être ici. Et ils refuseront. Je dois pouvoir leur montrer que j'ai une raison d'y retourner : des enfants, des biens, ou une entreprise.

— On pourrait peut-être inventer quelque chose, dis-je naïvement. Si on trouve une idée qui leur convient, et qu'on la présente comme il faut, on a autant de chances que quelqu'un d'autre.

— C'est à dire très peu. Ils donnent rarement des visas aux Bosniaques, quelles que soient les circonstances.

— Mais on peut essayer. Dites-moi que vous viendrez à Zagreb. On dira à Suncokret que j'ai besoin de vous pour une traduction. Ça ne coûte rien d'essayer.

— Vous êtes tellement Américain, dit-elle en souriant enfin. Comme John Wayne. Bon, je vais demander, je vais voir si je peux venir. Ce sera au moins un prétexte pour revoir Zagreb. Je pourrai vous faire visiter la ville et on s'amusera un peu. Maintenant, je voudrais vous poser une question : ça vous plaît de vivre dans un jardin d'enfants? Si vous voulez, vous pouvez venir habiter dans ma famille, au centre-ville. Il y a deux lits dans la chambre de mon frère. J'aimerais vous voir un peu plus, et maman vous invite elle aussi. »

J'étais fou de joie. C'était agréable d'être à deux pas de l'Adriatique, mais un peu isolé. Nous avons payé l'addition et Nadina est venue prendre mes affaires avec moi.

Une semaine plus tard, nous nous préparions pour le voyage à Zagreb. Deux bénévoles français, qui allaient apporter des provisions à un camp de réfugiés près de Zagreb, passaient par Rijeka. Ils avaient de la place dans leur camionnette et ont proposé de nous emmener. Nous avons tassé les paquets de papier hygiénique et de sardines pour nous faire de la place à l'arrière. Zagreb était à environ trois heures et demie de route, aussi Nadina et moi nous sommes-nous installés pour un trajet long et inconfortable. Un des Français parlait un petit peu anglais, et aucun ne parlait croate. Nous nous sommes donc retrouvés seuls pour bavarder.

« Dites-moi comment est Zagreb, dis-je à Nadina.

– C'est une ville merveilleuse. Très ancienne, pleine d'histoire, et en même temps très moderne. Vous, les Américains, vous pensez que les pays comme la Croatie sont complètement différents. Est-ce que ça l'est tellement, à votre avis? Nous en savons beaucoup sur les États-Unis à cause du cinéma, mais vous, vous ne savez rien de nos pays.

– Je vais vous dire quelque chose sur ces films, dis-je, légèrement sur la défensive. La plupart des gens que j'ai rencontrés ont deux clichés en tête. Le premier, c'est *Boyz N the Hood*, des meurtres et de la drogue à tous les coins de rue. Le deuxième, c'est *Beverly Hills 90210*. D'après vous, ou bien nous sommes soit riches, ou bien accrochés au crack, mais cela n'a rien à voir avec la vie de l'Américain moyen. J'espère que vous viendrez aux États-Unis pour juger par vous-même.

– Et votre idée de la Croatie et de la Bosnie est juste, peut-être? Vous pensez que nous sommes tellement en retard sur vous. Vos télévisions ne présentent que des paysans et des vieillards. C'est une vision complètement fausse. Nous sommes très instruits, notre culture est bien plus riche et bien plus ancienne que la vôtre, et avant son éclatement la Yougoslavie avait une des armées les plus fortes du monde. Dans votre orgueil d'Américains, vous ne savez pas à quel point nous vous ressemblons. »

Elle avait raison. Avant de venir, les seules images que j'avais d'ici étaient celles des informations. Je ne savais rien de la richesse de cette culture. Et puis, je commençais à être très attiré par Nadina. Elle était étrange et mystérieuse. Je me demandais si je devais le lui faire sentir, mais nous allions passer plusieurs jours ensemble et je décidai d'attendre.

Suncokret nous avait trouvé une auberge, dans les faubourgs de la ville, qui servait surtout à loger les bénévoles des organisations humanitaires croates. C'était une sorte d'étape, avant d'arriver à destination. Nous avons passé une heure à tourner autour de Zagreb avant de la trouver. Je m'étais habitué à ne pas savoir où j'allais ni ce qui se passait. Même si la plupart des gens parlaient anglais, la communication était tout de même compliquée. Ils essayaient d'être clairs, mais j'étais tout le temps en train de me demander ce qu'ils voulaient dire.

L'auberge était tenue par quatre personnes, dont un Américain. C'était le premier que je rencontrais depuis mon arrivée en Croatie à part, évidemment, celui de mon rêve. On nous a emmenés au deuxième étage, celui du dortoir, une grande pièce qui contenait au moins vingt matelas. C'était mixte. Nadina et moi avons trouvé deux matelas l'un à côté de l'autre. Nos trois compagnons français n'étaient pas enchantés. Ils étaient plus âgés et ne s'attendaient pas à des conditions aussi rudimentaires. Je suppose qu'ils voulaient un hôtel. Nadina a fait quelques remarques sarcastiques sur les Français. Elle était passablement énervée de leur réaction et a dit que c'était courant. Les gens venaient pour aider et, se retrouvant dans les mêmes situations pénibles que la population locale, finissaient par râler, alors qu'en Bosnie beaucoup n'avaient ni maison, ni lit.

Ce soir-là, nous avons rencontré un jeune Anglais qui essayait d'arriver jusqu'à Sarajevo, et sommes descendus tous les trois boire une bière au bistrot du coin. On lui avait proposé d'y enseigner l'anglais, mais le problème était d'entrer dans la ville. Il n'y avait que deux moyens : par avion, ou par un tunnel. Les Serbes de Bosnie contrôlant les collines qui entourent la ville, la voie aérienne était risquée. La seule solution consistait donc à faire plusieurs kilomètres à pied sous les montagnes, dans un tunnel à peine assez haut pour se tenir debout. C'est par ce biais que tous les produits de première nécessité étaient introduits dans la ville, et ce depuis des années. Les Serbes tenaient Sarajevo à la gorge : c'était presque impossible à cette époque d'y entrer ou d'en sortir.

Nous avons passé plusieurs heures attablés sur le trottoir, rejoints par quelques autres résidents de l'auberge. La conversation passait sans arrêt du croate à l'anglais, uniquement pour moi d'ailleurs, car j'étais le seul qui ne parlait pas croate. Ces gens avaient beaucoup de points communs avec mes amis des États-Unis. En fait, à part la langue, c'aurait pu être n'importe quel bar américain. Même musique, même bière, mêmes éclats de rire.

J'entrai commander une autre boisson pour Nadina. Il y avait une table pleine de jeunes femmes, saoûles de toute évidence, et qui faisaient un peu de grabuge. L'une d'elles m'attrapa le bras en disant quelque chose que je ne comprenais pas.

« Désolé, mais je ne parle pas croate. »

Ses yeux s'illuminèrent :

« Vous êtes Américain?

– Oui.

– Oh, asseyez-vous un peu avec nous. Nous cherchons toutes à épouser un Américain, pour partir d'ici, dit-elle en riant. Regardez, vous avez le choix. »

Elle sortit un tabouret et m'obligea pratiquement à m'asseoir.

« Qu'est-ce que vous faites ici? demanda une autre.

— Je suis musicien, je suis venu donner un concert pour la paix.

— Un concert pour la paix? On en a bien besoin. Vous vous appelez comment?

— Jimmy. »

Pendant qu'elles me disaient leur nom, celle qui avait parlé en premier me prit la main, et la mit sur sa cuisse. Elles étaient toutes très attirantes mais je n'avais vraiment pas envie d'une passade, quel que soit leur fantasme à elles. Nadina entra à cet instant précis. Je lui lançai un regard désespéré. Elle s'approcha sur le champ, prononça quelques mots en croate, et m'emmena par le bras en les laissant bouche bée.

« Qu'est-ce que vous fabriquez? me demanda-t-elle. Vous voyez bien qu'elles adoreraient toutes vous mettre le grappin dessus. Un Américain, c'est une rareté, de nos jours. La majorité des femmes croates voudraient se marier et s'envoler avec vous.

— Et bien alors, pourquoi est-ce que je ne vous épouse pas? Ça résoudrait le problème.

— Non merci! dit-elle en riant. Je veux venir aux États-Unis, mais pas au point de faire un mariage blanc.

— Je pensais juste qu'on devrait envisager toutes les solutions.

— Quand je me marierai, ce sera par amour. Il y a tellement de femmes ici qui sont prêtes à le faire pour s'échapper, mais moi, non, je pense que le mariage, c'est bien plus que ça.

— On ne sait jamais, dis-je. Parfois, il se passe des choses imprévisibles. Peut-être que vous devriez garder la possibilité de changer d'avis. »

Elle sourit d'un air méfiant :

« Qu'est-ce que vous voulez dire?

– Rien de spécial. Je pense qu'il faut rester ouvert. Si j'ai appris une chose depuis mon arrivée, c'est bien qu'il faut être prêt à tout.

– Je vais essayer de m'en souvenir, dit Nadina. Demain on va voir ce qu'ils vont dire, à l'ambassade. Mais contrairement à vous, je ne suis pas optimiste.

Après une dernière bière, nous sommes rentrés à l'auberge, où les Français dormaient déjà, et nous sommes allongés côte à côte.

« Vous avez entendu parler d'une communauté spirituelle secrète de guérisseurs? lui demandai-je. Ils se font appeler les « Émissaires de la lumière », je crois.

– Non, pourquoi?

– Je ne sais pas, dis-je. J'ai fait un drôle de rêve, et Snjezana m'a parlé d'eux. J'ai la sensation que quelque chose d'incroyable va arriver.

– Vous voulez dire que votre rêve va s'accomplir?

– Plus que ça. Il y a eu des coïncidences invraisemblables depuis que je suis ici. Je crois vraiment que Gordana et Snjezana en savent plus que ce qu'elles disent. Je ressens ça très fort.

– Moi, je ne crois pas à ces trucs-là, mais s'il se passe quelque chose, il faut que vous m'emmeniez. J'ai besoin d'aventure. »

Je le lui promis et m'endormis en même temps qu'elle.

Le lendemain nous avons pris un bus jusqu'au centre. Je devais passer à la télévision à sept heures du soir; Nadina a par conséquent décidé de me faire visiter Zagreb toute la journée. Elle avait raison, c'était vraiment une belle ville avec des rues qui partaient en étoile d'une immense place centrale. La ville avait été bombardée deux fois, dont une un mois auparavant. Apparemment l'armée croate avait repris une ville tenue par les Serbes de Bosnie, qui avaient jeté des bombes sur Zagreb en représailles. Elles étaient conçues pour exploser en plein ciel et saupoudrer la ville de petits explosifs suspendus à de minuscules parachutes. Ces petites bombes tombaient au hasard et éclataient, dès qu'elles touchaient le sol, avec la force de plusieurs grenades. Nadina me montra l'endroit où deux personnes avaient été tuées.

J'avais rendez-vous à l'ambassade à une heure. J'avais raconté à une employée, au téléphone, que j'organisais un très grand concert pacifiste pour l'année suivante à Zagreb. S'ils pouvaient admettre que j'avais besoin de Nadina aux États-Unis sur ce projet, ils lui accorderaient peut-être un visa. Nous nous sommes installés dans un café avoisinant pour revoir notre plan. J'irais seul. Ils seraient peut-être plus bienveillants avec un citoyen américain. Nadina m'attendrait au café. Elle me fit remarquer quelques hommes à l'allure banale qui fumaient sur un banc ou à un arrêt de bus : c'était des officiers de sécurité en civil qui guettaient les personnes suspectes autour de l'ambassade. L'atmosphère était très tendue, et les gens nerveux.

À la porte, un garde m'arrêta pour me demander ce que je venais faire. Je lui répondis, et il me fit attendre pour vérifier mes dires auprès du service des visas. Un instant plus tard, il me fit entrer. Un second garde me passa au détecteur de métal. Le premier me demanda de sortir ce que j'avais dans mes poches et de tout mettre dans un plateau. On me donna un formulaire à remplir, puis la porte automatique s'ouvrit pour me laisser entrer.

Je n'avais jamais été dans une ambassade. Le service des visas n'avait rien de spécial : des tables et des petits guichets en verre triplex, derrière lesquels étaient assis des fonctionnaires en uniforme. J'avais rendez-vous avec la sous-directrice. Elle arriva au bout d'un moment, s'assis derrière la vitre et se présenta.

Je pris mon air le plus professionnel :

« J'aurais voulu savoir comment faire venir aux États-Unis

une Bosniaque pour m'aider à organiser une grande manifestation pacifiste, qui aura lieu ici au printemps prochain.

— Je dois vous dire, monsieur Twyman, qu'il est extrêmement difficile d'obtenir un visa pour un citoyen bosniaque. Les États-Unis ont déjà laissé entrer leur quota maximal de réfugiés bosniaques, et ce contingent ne peut être augmenté que dans des circonstances tout à fait exceptionnelles. »

C'était une femme sympathique, j'essayai de l'attendrir :

« Je comprends parfaitement. Et c'est pourquoi je m'adresse à vous. Je sens que vous êtes le genre de personne qui peut comprendre ma situation. Écoutez, quand je vais retourner aux États-Unis, je vais avoir besoin de quelqu'un qui puisse communiquer facilement avec les membres du comité local et qui comprenne ce qui se passe ici. C'est très important. Fondamentalement, je ne pense pas pouvoir monter ce projet sans avoir un Bosniaque à mes côtés. »

Je crois que c'était un bon argument, et elle semblait disposée à m'aider, mais plus elle m'expliquait comment procéder, moins j'étais optimiste. En fin de compte, elle se pencha vers moi et me dit à voix basse :

« Monsieur Twyman, combien de temps restez-vous encore en Croatie?

— Probablement pas plus d'une dizaine de jours, répondis-je.

Elle eut l'air ennuyé. Je voyais bien qu'elle voulait me dire quelque chose :

« Je vais demander à un garde de vous faire entrer dans mon bureau. Il faut que je vous parle plus tranquillement. »

Un instant plus tard, un garde venait me chercher dans la salle d'attente et m'accompagnait au fond du couloir. Il ouvrit une porte et me fit signe d'entrer :

« Veuillez vous asseoir, » me dit la sous-directrice, déjà installée dans son bureau, petit mais agréable, devant un portrait de Bill Clinton et un diplôme de la faculté de droit de Harvard.

« Monsieur Twyman, ce n'est un secret pour personne que la situation est instable dans cette région. J'ai l'impression que vous ne vous rendez pas compte du danger. Je ne voulais pas vous dire en public que la Croatie est en train de rassembler ses troupes en vue d'une offensive générale contre les Serbes de Bosnie. Elle veut reconquérir les terres qu'ils ont annexées il y a quatre ans. Nous pensons que cette offensive est imminente. Il est difficile d'en prévoir les conséquences, mais vous devriez envisager de partir avant. Je n'essaye pas de vous faire peur, nous demandons seulement à nos concitoyens d'être vigilants. C'est vraiment dangereux maintenant, il faut être extrêmement prudent.

– Je ne suis pas sûr de bien saisir. Est-ce que je suis en danger ici, en ce moment?

– Je vous le répète, monsieur Twyman, nous ne savons pas ce qui va se passer. Il vaudrait mieux ne pas être dans le coin lorsque tout va sauter. L'armée se prépare depuis quatre ans pour une bataille majeure. Jusqu'à présent, les Serbes ont raflé tout ce qu'ils voulaient, mais à partir du moment où l'offensive commencera, on ne peut pas imaginer la tournure des évènements. Si les Croates n'arrivent pas à battre les Serbes, ça va être horrible ici. Je vous en prie, écoutez-moi et partez aussi vite que possible. »

Je la remerciai et partis retrouver Nadina.

Deux jours plus tard, je devais me produire dans un camp de réfugiés des environs. Un groupe appelé la « Ligue croate pour la paix » avait organisé tous mes concerts à Zagreb. Nadina voulant rendre visite à des amis, je fus accompagné ce jour-là par la directrice de la ligue, Naneda. C'était une femme intéressante, capable de programmer et de coordonner efficacement toutes sortes de manifestations. Mon premier concert dans une église marcha très bien. Quant à l'émission de télévision, elle me réservait une surprise: on m'avait dit qu'il s'agissait d'une série d'interviews, dont je serais l'un des invités, alors qu'en fait j'étais le seul interviewé, et pendant une heure et demie. L'animateur ayant fait ses études aux États-Unis, son anglais était impeccable. Il me posait une question, je donnais ma réponse, qu'il traduisait brièvement en croate. J'avais les yeux rivés sur l'écran de contrôle et, dès que la caméra s'éloignait de moi, je m'essuyais frénétiquement le visage. Je ressortis complètement déshydraté de ce séjour sous les projecteurs brûlants.

Je retrouvai Naneda à son bureau pour qu'elle m'emmène au camp de réfugiés avec sa voiture. Il avait été installé quatre ans auparavant, lorsque les réfugiés musulmans et croates avaient commencé à déferler. En arrivant, je fus choqué par la clôture en fils de fer barbelés, très haute, et les barraquements minables. Cela ressemblait plus à un camp de concentration qu'à une résidence temporaire pour victimes de guerre. L'angoisse me saisit sur le champ, devant cette impuissance et ce désespoir flagrants. Je n'avais pas encore passé la barrière.

Je pris ma guitare sur le siège arrière et pénétrai dans le camp. Deux hommes appuyés à la clôture me regardaient avec méfiance. À gauche, il y avait une rangée de longs bâtiments blancs; à droite, une grande cour pleine de monde. La plupart des gens avaient la cinquantaine ou plus. Ils étaient assis dans l'herbe, en petits groupes. De nombreuses femmes tournaient une sorte de roue reliée à un morceau de bois. Naneda m'expliqua qu'elles passaient leur journée à moudre du café pour le reste du camp. Les autres tricotaient ou cousaient des petits bouts de tissu. J'eus l'impression que tous les yeux étaient rivés sur nous. J'étais tendu et demandai à Naneda où nous allions.

« Il y a un centre communautaire de l'autre côté du camp, m'expliqua-t-elle. C'est là que vous allez jouer. On a mis une affiche pour que tout le monde soit au courant de votre concert. Combien viendront? C'est difficile à dire. Souvent nous organisons des événements artistiques et il n'y a pas grand monde. Vous voyez, quand on vit dans un endroit pareil, sans espoir d'en sortir ou que sa vie s'améliore, on est découragé, dégoûté de tout. Même s'il se passe quelque chose d'intéressant, on peut facilement rester dans la cour sans participer à rien. Et puis les enfants sont presque toujours laissés à l'abandon, c'est très courant dans les camps, les femmes n'arrivent plus à s'occuper d'elles-mêmes ou de leur famille : elles restent assises à moudre du café. »

Nous étions arrivés devant un grand bâtiment délabré en aluminium, le centre communautaire. La porte étant fermée à clef, Naneda partit chercher quelqu'un. Je posai ma guitare et m'assis sur un banc. Le sol était jonché de détritus et les baraques couvertes de graffiti, comme les quartiers pauvres des villes américaines.

Plusieurs jeunes garçons qui jouaient de l'autre côté du chemin s'approchèrent dès qu'ils virent ma guitare. Ils voulaient l'essayer. Je souris et leur dis qu'elle devait rester dans son étui. Quelques instants plus tard il y avait déjà pas mal d'enfants, et au bout de dix minutes, il y en avait au moins cent. Certains me sautaient dessus, essayaient de prendre ma guitare et se moquaient de moi.

« Ils veulent jouer, me dit un petit blond d'une dizaine d'années.

— Explique-leur que je ne peux pas encore la sortir de sa housse, répondis-je en criant pour couvrir le bruit.

— Ça ne servira à rien, ils ne m'écouteront pas non plus. Je m'appelle Vladimir, dit-il en me tendant la main.

— Et moi Jimmy. Je suis content de te connaître. Tu habites ici depuis combien de temps?

— Quatre ans. Je viens de Bosnie. Et vous?

– De Boston et de Chicago, ça dépend à qui on demande.

– Qu'est-ce que vous faites ici?

– Je vais donner un concert au centre communautaire, lui répondis-je, tout heureux d'avoir à qui parler.

– Vous n'allez pas pouvoir jouer. Les enfants ne vont jamais se taire assez longtemps. »

Il attrapa une petite fille aussi blonde que lui.

« C'est ma sœur. Appelez-la Sara, parce que vous ne pourrez pas prononcer son vrai nom. »

Je me baissai et lui touchai la joue. Elle me prit la main et ne la lâcha plus. Elle était belle, et me faisait penser à Shirley Temple, avec ses longs cheveux blonds tout bouclés. Je me rassis en la prenant sur mes genoux.

« D'où viens-tu?, lui demandai-je, en regardant Vladimir.

– Nous sommes tous Bosniaques, dit-il. J'ai appris l'anglais à l'école et avec maman. »

Naneda revint avec une femme qui ouvrit la porte métallique. Les enfants s'engouffrèrent dans la salle en criant. Le bruit se répercutait sur les parois en aluminium. Le vacarme était insupportable. Les femmes tentèrent de les calmer, mais c'était peine perdue. Je jetai un regard à Vladimir, qui me souriait du coin de la pièce. Il avait raison, je ne pourrais pas donner de concert. Aucun adulte n'était venu. Je ne sais pas si c'était à cause du bruit ou parce que ça ne les intéressait pas. Pendant tout ce temps, Sara était restée à côté de moi et me tenait par la main.

Finalement, Naneda vint vers moi en me disant :

« Je suis désolée. Peut-être qu'on ferait mieux de partir. »

J'ai remis ma guitare en place et nous sommes sortis. Les enfants nous suivaient en se collant si fort à moi que je pouvais à peine marcher. Sara m'aidait à les éloigner. D'une main elle me tenait, et de l'autre elle écartait ceux qui s'approchaient trop. Quand nous sommes arrivés au portail, il n'y avait plus que son frère et elle.

« Vous voyez? dit Vladimir. Je vous avais dit que ce serait impossible. Ces enfants sont fous. »

Je m'agenouillai pour prendre Sara dans mes bras.

« Qu'est-ce que vous diriez si je vous emmènais tous les deux avec moi aux États-Unis?

— Non, ça va s'arranger ici. J'en suis sûr. Un jour nous pourrons rentrer chez nous. »

J'ai reposé la petite fille à terre et leur ai dit au revoir. Naneda et moi sommes repartis vers Zagreb. Je n'ai pas dit un mot pendant tout le trajet.

CHAPITRE QUATRE

Le guide

Prière jaïna pour la paix

La paix et l'amour universel sont l'essence
de l'évangile prêché par les plus éclairés.
Le Seigneur nous enseigne que la sérénité
vient du Dharma.
Que je pardonne à toutes les créatures,
et que toutes les créatures me pardonnent.
Que pour tous j'aie de l'amitié, pour personne
de l'inimitié.
Sache que la violence est la source
de toutes les misères du monde.
La violence est, de fait, le nœud de l'esclavage.
« Ne blessez aucun être vivant. »
C'est la voix éternelle, perpétuelle et inaltérable
de la vie spirituelle.
Une arme, aussi puissante soit-elle,
peut toujours être supplantée par une autre;
mais aucune, jamais, ne peut
surpasser la non-violence et l'amour.

LES GRAINES DE LA PAIX

M a tournée en Croatie touchait à sa fin. J'avais beaucoup appris sur la guerre et ses conséquences sur les gens. Quelque part, j'avais envie de partir. Il y avait tellement de victimes sans espoir ni recours aucun. Je rencontrais tous les jours des personnes qui attendaient, je ne sais pas exactement quoi. Certains de rentrer chez eux. D'autres de se venger. Et moi, de présenter mon séminaire, puis de retourner en Italie.

Je revins à Rijeka et commençai à le préparer. J'en avais animé beaucoup aux États-Unis, mais n'avais jamais enseigné dans un pays non-anglophone. Snjezana et Gordana devaient se relayer pour me servir d'interprètes. J'étais censé parler pendant une vingtaine de secondes d'affilée seulement, car elles avaient peur d'oublier ce que j'avais dit. La majorité de l'assistance comprenait l'anglais, mais nous avions choisi cette solution en pensant aux autres.

Le séminaire était prévu pour le samedi suivant, de une heure à cinq heures, dans le local de Suncokret, au centre-ville. Gordana avait prévenu tous les groupes de méditation de la région, et Snjezana avait collé des affichettes un peu partout en ville. On m'avait également demandé d'intervenir dans deux ou trois cours de méditation. Tout semblait indiquer que le séminaire allait attirer du monde.

J'étais hébergé, depuis deux semaines, chez Nadina. Le fait de vivre avec une famille de réfugiés m'apportait beaucoup. Nadina et Neda allaient à Suncokret chaque matin, pendant que Ned et moi descendions au terrain de jeu. Tous les jours il y avait une quinzaine d'hommes qui venaient faire du basket, et un groupe plus nombreux qui jouait au foot à côté. Certains étaient excellents. Je me sentais aussi médiocre et inexpérimenté que sur n'importe quel terrain de sport, mais j'adorais jouer, et ils étaient fous de joie d'avoir un Américain avec eux, aussi mauvais fût-il.

Le soir, nous regardions des vidéos et préparions le repas. J'avais vite compris combien les Bosniaques étaient généreux. Si vous êtes leur invité, vous faites partie de la famille, et refuser leur hospitalité est le pire des affronts. Quand on vous propose de rester, il ne faut pas partir plus tôt que prévu. À un moment j'ai eu l'impression d'avoir suffisamment abusé de leur gentillesse et d'être un pique-assiette. Lorsque Nadina a appris que j'envisageais d'aller habiter un appartement vide sur l'Adriatique, elle a été très vexée, et ne m'a pratiquement plus adressé la parole pendant deux jours. En fin de compte, elle m'a dit ce qui la tracassait. Apparemment je n'avais pas envie de rester avec sa famille, et c'était pour ça que je voulais m'en aller. J'ai répondu que j'aimais beaucoup sa famille, mais que je ne voulais pas m'imposer :

« Je comprends votre point de vue, m'a-t-elle dit, mais quand un Bosniaque donne quelque chose, ça vient du cœur. Nous ne faisons pas ce genre de proposition à la légère. »

Elle m'a expliqué que si je partais, je rejetais non seulement la proposition, mais aussi la famille. Son invitation était un honneur beaucoup plus grand que je ne le croyais. J'ai donc poliment refusé l'autre appartement et suis resté chez elle.

Nadina avait décidé de ne pas participer au séminaire. Elle s'intéressait à la spiritualité, mais ne se sentait pas prête. Snjezana et elle étaient devenues très proches, ce qui lui avait fait beaucoup de bien. Moi, j'étais désolé qu'elle ne vienne pas. Elle m'attirait énormément, surtout depuis notre voyage à Zagreb. J'étais sidéré d'avoir noué des liens si étroits en Croatie. Mes trois amies, Nadina, Snjezana et Gordana, faisaient déjà réellement partie de ma vie.

Gordana avait nettoyé et décoré la pièce destinée au séminaire. Je passai la matinée du samedi seul à prier et à mettre de l'ordre dans mes pensées. Quand j'arrivai au local, la salle était pleine. Il y avait presque trente personnes. Certaines connaissaient bien la Voie, d'autres pas, mais s'y intéressaient d'avance. Des bâtons d'encens exhalaient une odeur de santal. Des bougies judicieusement disposées donnaient à l'espace une lueur et un éclat mystiques. Je restai un instant dans l'embrasure de la porte. Sur une trentaine de personnes, il n'y avait qu'un homme. J'avais l'habitude des groupes majoritairement féminins, mais en Croatie la spiritualité et la méditation concernaient spécialement les femmes, et pas du tout les hommes, rudes et machos. Au bout d'un moment, tout le monde se retourna et m'aperçut.

« Voici notre cher frère Jimmy, dit Gordana.

J'étais saisi par l'accueil chaleureux de ces gens et m'assis face à eux, sur un coussin :

« Merci à tous de m'inviter à donner cette conférence. Je ne peux pas vous dire à quel point je suis ému de rencontrer ici tant d'amour et de paix, et aussi tant de gens qui s'intéressent au *Traité des miracles*. Elle est conçue pour vous faire pleinement vivre votre vérité intérieure. Elle enseigne le chemin du pardon. Autrement dit, elle vous apprend à voir ce qui est réel. Son but est d'utiliser la pratique du pardon pour éprouver ce qui a toujours été vrai : que vous êtes encore tels que Dieu vous a créés. Comme le dit la Voie, si vous demeurez tels que Dieu vous a faits, le péché, la culpabilité, la maladie et la mort ne sont pas réels. En fait, ce sont des illusions que nous fabriquons mentalement pour éviter la vérité. Le pardon nous aide à voir, au-delà de ces illusions, la réalité. Dès que nous y arrivons, nous pouvons vivre une vie pleine d'amour que le monde ne comprend pas. C'est une joie en soi, par-delà le temps et l'espace, dans le monde sans limites de l'éternité. Cette joie pure, c'est votre domaine. *Le Traité des miracles* n'est qu'un outil pour vous faire comprendre que vous n'avez jamais quitté ce domaine. »

Pendant que je prononçais ces mots, un grand brun entra et s'assit au fond de la pièce. Il avait des yeux noirs perçants et pénétrants. Inconsciemment je concentrai toute mon énergie et toute mon attention sur lui. Mon regard balayait la pièce et retombait toujours sur lui. Il rayonnait d'une énergie paisible et positive qui me mettait à l'aise, et avait un sourire chaleureux et naturel.

Après avoir parlé un peu plus d'une heure, je décidai de faire une pause. Tout le monde se dirigea vers la porte et Gordana me prit par la main :

« C'était merveilleux, mon ami. Et maintenant je veux absolument vous présenter quelqu'un. »

L'homme se leva pour me saluer. J'eus l'impression de sombrer dans ses yeux, immenses et profonds :

« Je m'appelle Duro, dit-il. Je suis très heureux de faire votre connaissance, Jimmy.

– C'est l'homme dont vous m'avez parlé, » dis-je à Snjezana.

Je me tournai vers Duro et lui dis :

« Moi aussi, je suis très content de vous rencontrer enfin. Je crois que vous êtes le plus grand mystère de mon séjour en Croatie. J'ai entendu parler de vous, mais en fait je ne sais rien de vous.

– Nous aurons tout le temps de nous connaître, dit-il d'un ton indéfinissable. Vous êtes un excellent professeur. Vous avez une compréhension profonde de toutes les choses que vous abordez, c'est évident.

– Merci, répondis-je. Vous serez là après le séminaire?

– Duro, Snjezana et moi, nous vous emmènerons dîner tout à l'heure, dit Gordana. Comme ça, nous aurons le temps de parler.

– Fantastique, » répondis-je.

À ce moment-là, une femme surgit tout près de Snjezana :

« Jimmy, votre conférence me passionne, » dit-elle. Je souris à Duro pour qu'il sache que j'avais hâte de passer plus de temps avec lui, puis me tournai vers la femme.

Le séminaire s'est terminé à cinq heures. Quand tout le monde est parti, Gordana a fermé la pièce à clé. Snjezana, Duro, elle et moi avons choisi un restaurant. Il y avait une agréable terrasse de café juste en face. Nous nous sommes installés, avons commandé, puis Gordana a déclaré :

« Jimmy, il est temps que nous vous expliquions un certain nombre de choses. Surtout ne croyez pas que nous vous avons trompé, Snjezana et moi, parce que comme nous vous l'avons dit, nous en savons très peu. Quand j'ai reçu votre première lettre, j'ai eu une sensation très étrange. Il y avait quelque chose dans ce que vous écriviez qui me bouleversait. J'ai montré votre lettre à Duro, qui est mon professeur. J'étais sûre qu'il saurait si ce que je ressentais avait un sens. Il m'a dit sans aucune hésitation que vous deviez venir. Je lui ai demandé pourquoi, mais il ne pouvait répondre. Il disait simplement qu'il fallait que vous veniez en Croatie. C'est pour ça que je vous ai invité. Et c'est tout ce que je sais. »

Je me tournai vers Duro :

« Pourquoi était-ce important que je vienne ici, Duro? »

Il me regarda et sourit :

« Commençons par le commencement, dit-il. L'humanité est en conflit, depuis toujours. Ce conflit apparaît dans chaque relation, y compris entre les groupes humains. Lorsque cette lutte prend de l'ampleur, les nations entrent en guerre. Les gens meurent par milliers, ou même par millions. Comme vous l'avez dit vous-même, les conflits du monde sont la conséquence de notre conflit intérieur. Nous projetons ce sentiment vers le monde parce que nous ne sommes pas prêts à admettre que nous sommes la cause, et donc la solution, de ce conflit. C'est pourquoi les guerres font rage depuis la nuit des temps, parce que nous n'avons jamais été capables d'affronter le conflit là où il est vraiment : en nous.

Il existe, depuis des milliers d'années, une société secrète dont le rôle consiste à faire progresser l'humanité. Elle opère toujours dans la zone du conflit le plus grave, dans le pays ravagé par la haine, le malheur et les pires combats – parce qu'elle est plus efficace en désamorçant les choses à la base. Ces gens vivent donc tranquillement, sans se faire remarquer, au milieu du désespoir. Le monde ne voit pas leur travail, avant tout spirituel, qui consiste à répandre la magnificence de la Lumière Divine dans le monde entier. C'est ainsi qu'ils recréent la paix, l'espoir et le désir de pardonner. Les guerres prennent fin, les peuples et les nations tirent les conséquences de leurs erreurs. Et à chaque fois, l'humanité accepte un peu plus la vérité de la Création, le fait que paix et conflit sont en nous et que ce n'est que là qu'on peut tout résoudre, ressentir et vivre. Cette communauté, les Émissaires de la Lumière, continuera à exister dans les zones de conflits jusqu'à ce que cela ait eu lieu, et puis elle disparaîtra.

Et ce jour approche. C'est quand le monde semble le plus éloigné de la paix qu'elle est imminente. C'est évident qu'aujourd'hui, nous avons plus de puissance, d'armement et de haine que jamais. Mais en même temps plus de compréhension, d'espoir et d'aspiration à la paix que jamais. Ces deux réalités apparemment opposées indiquent que l'humanité est prête à dépasser ses contradictions mentales et son agressivité pour vivre dans un monde d'entente, de coopération et d'harmonie. Les récents bouleversements planétaires nous le disent, ainsi que les prophéties de toutes les civilisations et religions antiques. C'est à notre époque qu'elles faisaient référence. Mais aucune n'était au courant de l'œuvre et de la mission des Émissaires, car il était essentiel que leur présence et leur influence demeurent secrètes. Leur tâche consistait à rester cachés, à travailler pour l'humanité et à calmement préparer le terrain pour le jour où l'humanité aurait assumé la responsabilité de ce qu'elle a créé. Et ce moment est presque arrivé.

— Vous dites que ces Émissaires de la Lumière sont présents depuis des milliers d'années, dis-je. Comment ont-ils pu rester cachés, et comment se perpétuent-ils lorsque chaque génération disparaît?

— Il est impossible de dire comment ils se sont dissimulés, dit Duro. Ils ont un intelligence divine qui nous est inconnue. Ils peuvent être, ou ne pas être, où ils le désirent. Pour ce qui est de continuer après la mort, quand chaque Émissaire a fini son travail, il est relevé de ses fonctions. Cela ne signifie pas qu'il meurt, mais qu'il est transformé, en quelque sorte. On peut parler d'ascension. Lorsque cela arrive, il doit être remplacé, parce qu'ils doivent toujours être le même nombre. Chaque nouvel Émissaire est « appelé » par des forces supérieures, je ne sais pas exactement comment. Celui qui a été choisi se retrouve là simplement, sans explication. Peut-être ressent-il un besoin incontrôlable d'aller dans un endroit du monde qu'il ne connaît pas, peut-être déchiré par une guerre terrible. Personne ne comprend pourquoi il part, mais il y va. Et là, il est mené à la communauté, qui est toujours cachée dans un lieu retiré. En y arrivant, il comprend que c'est l'endroit qu'il cherchait, et il prend place autour de la roue. »

J'étais très mal à l'aise : Duro venait de décrire ce qui m'était

arrivé, mon mystérieux désir de partir en Bosnie et en Croatie, contre
l'avis général. Tout le monde pensait que j'étais fou, mais il fallait
que j'y aille. Était-il possible que ce soit vrai, que j'aie été « choisi » ?
Cette idée me terrifiait, j'avais envie de me lever, d'aller à la gare
routière et de sortir de là.

Gordana et Snjezana ne disaient pas un mot. Elles entendaient
cette histoire pour la première fois elles aussi. Je repensai à mon
rêve. Il concordait avec ce que Duro avait raconté : la roue, l'homme
vers qui j'étais irrésistiblement attiré, et ce qu'il m'avait dit sur la
paix et le monde. Y avait-il un rapport entre eux ? Je lui en parlai.
Il écouta attentivement, puis réfléchit :

« C'est très intéressant, dit-il enfin. Vous en savez déjà plus que
je ne croyais. Il y a beaucoup de choses exactes dans votre rêve.
Laissez-moi vous en dire plus. Vous allez peut-être comprendre.

Je suis médecin. Il y a quelques années, avant la guerre, j'étais
en randonnée dans un coin isolé, à la recherche d'herbes et de
plantes médicinales pour mon cabinet. J'étais seul. Tout à coup j'ai
eu le vertige, comme si j'allais m'évanouir, ce qui a dû arriver, parce
qu'un instant plus tard j'étais allongé dans une cabane, seul avec
une vieille femme assise dans un coin. Elle me dévisageait en
silence. Je me suis mis sur mon séant et ai regardé autour de moi.
Il n'y avait pas de meubles à part le matelas sur lequel je m'étais
réveillé, et la chaise. Par la fenêtre, j'ai vu d'autres petites cabanes
du même gabarit. Je suis sorti. On aurait dit que tout était désert.
Devant moi, au-delà des cabanes, il y avait un grand édifice rond.
En m'approchant je me suis aperçu qu'il n'était pas rond du tout,
mais dodécagonal. Un jeune homme est alors apparu par une petite
porte en bois, et m'a fait signe de le suivre.

À peine entré, j'ai eu un nouvel étourdissement. La salle était
tant éclairée, bien que sans fenêtres, que mes yeux ont dû s'habi-

tuer à la lumière, après quoi j'ai enfin vu que c'était un grand bâtiment dont le sol était orné d'un dessin comme dans votre rêve. Douze personnes étaient assises autour du cercle, chacune sur une pointe du dessin, et un homme au centre. Un léger halo, comme un nuage de fumée, flottait autour d'eux. J'ai aussi remarqué, sur le côté, cinq jeunes hommes à peu près du même âge que celui qui était avec moi. J'ai appris plus tard qu'il s'agissait d'assistants chargés de pourvoir aux besoins des six hommes et des six femmes assis autour de la roue.

Ensuite le jeune homme m'a reconduit dehors. Je venais de rendre visite aux Émissaires de la Lumière, pour la première fois. J'y ai été « appelé », comme les autres, mais pas pour me joindre à la roue. Mon rôle est plus épisodique, je suis une sorte d'agent de liaison. J'y retourne quand il le faut. Je sers de lien entre ici et là-bas. Je dois m'occuper de certaines choses dans le monde pour qu'eux puissent mener leur tâche à bien. Et c'est comme ça que je vous ai trouvé. Vous n'avez pas été appelé pour devenir un Émissaire, mais pour remplir comme moi une fonction très particulière. Depuis le début il y a toujours eu quelqu'un qui œuvrait quelque part entre la roue et le monde, comme moi. Mais il n'y a jamais eu quelqu'un comme vous. Votre rôle est différent de tous les précédents, à cause des bouleversements dont nous avons parlé tout à l'heure. Le travail des Émissaires est resté jusqu'à présent secret. Maintenant il doit être rendu public. Tout le monde doit savoir ce qu'ils font, et qu'ils sont prêts à entrer dans l'ère de la paix et de l'harmonie universelles. Votre mission est d'apprendre les exercices et la spiritualité des Émissaires pour les diffuser dans le monde entier. »

J'étais encore effrayé, mais j'avais envie d'éclater de rire. Par ailleurs je réalisais bien ce qu'il venait de dire.

« Même si tout ça est vrai, pourquoi moi? Qu'est-ce que j'ai de spécial?

– Rien, dit-il. Absolument rien. C'est peut-être pour ça. Il ne s'agit pas d'être spécial, mais d'avoir ce qu'il faut pour remplir la mission. Je ne sais pas pourquoi vous avez été choisi, mais c'est comme ça. Aucun de nous ne sait pourquoi on nous demande d'accomplir certaines choses. C'est une question de dons : vous êtes un excellent professeur; on m'a dit également que vous écriviez. En définitive les raisons nous dépassent, mais dépendent de choix personnels que nous avons faits à un moment donné. Vous êtes ici parce que vous l'avez décidé. Et vous remplirez telle ou telle tâche délibérément. Rien n'arrivera sans votre consentement. Vous comprendrez tout cela dès demain.

– Comment ça? demandai-je.

– Je vous emmène chez les Émissaires, avec Gordana et Snjezana. Vous êtes impliqués tous les trois. Vous avez un rôle à jouer.

– Non, attendez, dis-je. Je quitte la Croatie dans deux jours, j'ai encore des concerts en Italie.

– Pourquoi ne pas apporter votre guitare? dit Snjezana. Les Émissaires aimeraient peut-être bien vous écouter.

– Arrêtez, dis-je, assez irrité par cette hypothèse. Je ne suis pas méfiant, mais toute cette histoire est un peu dure à avaler. Vous voulez que je renonce à tous mes projets pour aller chercher au fin fond d'un pays en guerre une communauté dont je ne suis même pas sûr qu'elle existe. Même si je vous fais confiance, il faudrait que je sois fou à lier pour envisager une chose pareille. »

Gordana s'approcha de moi et me prit la main :

« Jimmy, vous savez que nous ne pourrions jamais vous faire de mal. J'ai confiance en Duro, et je le crois. Je suis d'accord, tout ça a l'air irréel, mais pensez à ce qui vient de vous arriver, et vous verrez que ça tombe sous le sens. Je suis sûre qu'en réfléchissant, vous sentirez que tout est vrai et que vous devez continuer. »

Elle avait raison, c'est ce que je ressentais. Malgré ma frayeur, je savais que tout ce que disait Duro était vrai. Ils me demandaient de me débarrasser de ma dernière once de bon sens et de partir dans les montagnes croates à la recherche d'un bâtiment à douze côtés et de treize personnes assises autour d'une roue pour sauver le monde. Il fallait que je neutralise la voix qui essayait de m'en dissuader. J'étais venu de loin, et ce n'était pas maintenant que j'allais rebrousser chemin.

« Nous partons demain matin, dit Duro. N'apportez que des vêtements, et surtout pas d'appareil photo, ou quoi que ce soit d'électrique. Nous irons aussi loin que possible avec ma voiture, et nous ferons le reste à pied. Avec un peu de chance nous arriverons avant la nuit.

— Il y a encore autre chose, dis-je.

— Quoi, Jimmy? demanda Gordana.

— Il faut que Nadina vienne.

— Personne d'autre ne peut venir, dit Duro.

— Alors je n'y vais pas. J'ai lui ai fait une promesse et j'ai bien l'intention de la tenir. Si elle ne peut pas se joindre à nous, ne comptez pas sur moi non plus! »

Duro jeta un œil à Gordana. Elle fit un signe de tête approbateur.

« Bon, et bien d'accord, dit-il. À demain matin. »

CHAPITRE CINQ

Le secret

Prière juive pour la paix

Venez, partons vers la montagne
de Dieu, suivons les traces du Très-Haut.
Et nous transformerons nos épées en socs,
et nos lances en ébranchoirs.
Aucune nation ne lèvera les armes contre une autre
ni ne mènera de combats.
Et nul n'aura peur,
car ce sont les ordres du Seigneur.

LES GRAINES DE LA PAIX

L e lendemain à six heures et demie, Nadina et moi attendions devant chez elle. Duro m'avait bien précisé de ne prendre que des vêtements. J'espérais qu'il ne s'opposerait pas à ma brosse à dents. Je n'étais pas convaincu de devoir suivre ses ordres. Quant à Nadina et moi, nous étions complètement d'accord.

Duro arriva presque aussitôt dans une petite camionette. Snjezana et Gordana l'accompagnaient. Nous avons lancé nos affaires à l'arrière et nous sommes installés pour arriver, très vite, sur l'autoroute qui sortait de Rijeka. Je ne savais absolument pas où nous allions, mais cela semblait faire partie du plan. Notre destination était un secret bien gardé. Même si Duro me l'avait révélé, ça n'aurait eu aucune importance. Sorti de la route Rijeka-Zagreb, j'étais perdu. Il avait parlé de la région de la frontière bosniaque, dont je savais qu'elle était aux mains des Serbes.

« C'est vrai, dit Duro. C'est pourquoi c'est très dangereux. Nous serons tout près de deux villes occupées par les Serbes. Mais vous n'avez rien à craindre. Nous allons nous garer dans un endroit très sûr, et continuer à pied à travers les collines. Je l'ai fait plusieurs fois sans problèmes. Je sais comment me faufiler entre les Serbes. »

C'était comme de dire à un cerf de ne pas s'inquiéter de l'ouverture de la chasse. J'étais apparemment le seul à avoir peur. Peut-être étaient-ils habitués au danger constant? Mais moi, l'idée de se glisser parmi les Serbes ne m'enthousiasmait pas. Ça me demandait un gros effort de continuer à faire confiance à Duro qui, lui, était serein comme si nous allions nous promener dans la campagne.

J'avais raconté notre conversation à Nadina en rentrant chez elle. Au début elle a cru que j'inventais. Quand elle a compris que j'étais sérieux, elle s'est mise dans tous ses états, surtout quand elle a su qu'elle pouvait venir. Je me suis endormi avec difficulté et ai fait des rêves mouvementés, pleins d'histoires de batailles et de bombes. J'ai remis en question ma décision de participer à ce voyage de fous. Alors que j'aurais dû tranquillement repartir pour Assise, j'allais me jeter au milieu du champ de bataille. Mais c'était trop tard pour reculer.

Nous avons fait presque cinq heures de route, en ne nous arrêtant qu'une fois pour prendre de l'essence. Nous avions quitté l'autoroute depuis belle lurette pour des routes étroites et parfois effacées. De temps en temps je voyais un véhicule calciné sur le bas-côté. La région avait été apparemment occupée par les Serbes. La campagne était belle, vallonnée et verdoyante. Notre destination en devenait surréaliste. J'avais du mal à croire que nous pourrions être en danger. Ce n'était pas une excursion normale dans un pays étranger. Il était en guerre, chose que je n'avais jamais vue, et je ne savais pas comment les gens vivaient cette situation. J'aurais pensé qu'ils faisaient tout pour échapper à la guerre, mais voilà que nous nous dirigions droit dessus.

Duro est entré dans une sorte de ferme abandonnée, et s'est garé derrière une grange.

« On continue à pied, dit-il. Il faut qu'on se dépêche, sinon on n'y arrivera pas avant le coucher du soleil, et ça prend au moins six heures. »

Nous avons pris nos affaires, et Duro nous a fait traverser un champ pour atteindre un sentier. Nous avons marché silencieusement pendant un bon bout de temps, Duro en tête suivi de Gordana et moi. Snjezana et Nadina se tenaient par le bras, quelques mètres derrière moi. La forêt était bruissante d'oiseaux et d'écureuils. Le soleil luisait à travers les arbres, projetant des ombres mobiles sur le sol. Au bout d'un long moment, je me suis approché de Duro.

« Parlez-moi de celui qui est assis au centre de la roue. Quel est son rôle?

— Les douze Émissaires sont autour de la roue, chacun à sa place. Ils représentent toute la vie de la planète, un peu comme les douze signes du zodiaque. Leur tâche consiste à fixer un rayon lumineux d'une couleur particulière à travers les symboles du diagramme situé au centre de la roue. Cette couleur indique le niveau ou le lieu de l'humanité que chacun représente. Tandis que les Émissaires font converger la lumière vers le milieu de la roue, Celui du Centre rassemble tous ces rayons et projette la Lumière Divine vers l'ensemble de l'univers. S'il est le moyeu de la roue, les Émissaires en sont les rais. La lumière qu'il projette est pure et bienfaisante. Imaginez une immense fontaine au milieu d'une grande plaine : elle envoie un énorme jet d'eau dans les airs qui s'éparpille dans tous les sens. Grâce à elle, tout pousse et la plaine n'est ni aride, ni désolée. C'est très proche de ce que font les Émissaires.

— Qui est Celui du Centre? demandai-je.

— C'est très difficile à expliquer, dit-il. Il n'a pas d'identité au sens où vous ou moi pourrions le comprendre. On pourrait dire qu'il est l'identité-même, puisque son rôle est de canaliser l'attention de l'humanité en un seul courant d'énergie bienfaisante. Les Émissaires ont tous un nom, comme vous et moi, et après une méditation de vingt-quatre heures, ils parlent parfois avec les assistants et ont l'air tout à fait normal. Celui du Centre ne fait jamais cela. Il ne s'adresse que rarement à un autre membre de la communauté. Après la méditation, il retourne à sa cabane jusqu'au lendemain. Je n'ai jamais eu de conversation avec lui. Son rôle est tellement important qu'il n'a strictement aucun rapport avec le monde formel.

— Vous dites que les Émissaires existent depuis des milliers d'années, mais toujours dans un endroit traversé par la haine et la violence. Ça n'a pas de sens. Est-ce qu'ils se déplacent à chaque fois qu'une guerre se termine et qu'une autre commence?

— La meilleure façon de l'expliquer serait de dire qu'ils existent sous une forme ou une autre, depuis des milliers d'années, et qu'ils changent au fur et à mesure que les temps changent. Le seul élément immuable, c'est la roue, dont les symboles sont la force qui définit le rôle des Émissaires et les garde en activité d'une époque à l'autre. Au bout d'un moment, ou lorsqu'un lieu particulier n'est plus soumis à la haine et à la violence qui ont formé la roue, le cercle réapparaît ailleurs — parfois avec les mêmes personnes, parfois non. Ce cycle continu aboutira en fin de compte à la période où la roue n'aura plus aucune utilité, très bientôt. Quand suffisamment de gens commenceront à répandre eux-mêmes la Lumière Divine, les Émissaires cesseront d'exister.

— Qu'allons-nous faire en arrivant à la communauté? lui demandai-je.

— Je ne sais pas. Je dois vous y amener, c'est tout. Je ne sais même pas combien de temps nous y resterons, quelques jours, ou plus. Ce que je sais, c'est que tout va se dérouler comme il se doit, vous pouvez en être certain. »

Nous avons marché tout l'après-midi. Duro semblait savoir où il allait; moi je ne voyais ni chemin, ni raison de suivre ce trajet. Je commençais à me fatiguer, et Snjezana et Nadina à se plaindre. Gordana ne disait rien, mais je savais qu'elle était fourbue elle aussi. Le soleil touchait l'horizon. La nuit allait tomber. Duro était calme.

J'espérais arriver rapidement, mais rien ne l'indiquait. Et puis soudain, Duro s'est arrêté.

Nous avons traversé un champ long, étroit et clairsemé de quelques arbres et de buissons. Duro nous a conduits jusqu'au milieu, en marchant prudemment. J'ai regardé autour de moi et n'ai pas compris pourquoi, et puis il s'est de nouveau arrêté.

« Restez immobiles, » a-t-il murmuré.

Personne n'a bougé. Nous avons eu l'air de statues pendant plus d'une bonne minute. Alors il a souri et nous a fait signe de continuer. Devant nous, à cinquante mètres à peine, j'ai aperçu une petite maison sans comprendre pourquoi je ne l'avais pas encore vue. De fait, il était presque impossible de ne pas la voir : elle bordait le champ. Je me suis retourné, Snjezana était aussi surprise que moi. Une femme très grande est apparue de derrière la maison et est venue nous saluer. Duro marchait devant nous, et l'a brièvement enlacée, puis s'est tourné vers nous. Il a eu l'air de lui parler de moi.

« Elle ne parle pas anglais, m'a-t-il dit. Elle s'appelle Sonja. Elle fait la cuisine et d'autres choses pour la communauté. Chacun a une tâche à remplir. Elle vous souhaite la bienvenue. »

Snjezana lui a dit quelque chose, puis Sonja nous a dit de laisser nos affaires à côté de la maison, et nous a menés vers un bois et des petites cabanes. Très vite nous sommes arrivés à une maison basse de la même taille que la première, et y sommes entrés.

Il y avait plusieurs hommes assis autour d'une table, et deux près du feu. Ils se sont tous levés et approchés de Duro, qui les a salués un par un, et a présenté Nadina, Snjezana et Gordana en croate avant de se tourner vers moi :

« Jimmy, voici les assistants dont je vous ai parlé. Ils vivent ici et s'occupent des Émissaires. »

J'ai leur ai serré la main à tous. Ils étaient chaleureux et contents de nous voir. Seuls Ivan et Toni parlaient anglais. Ils portaient tous un tee-shirt et un pantalon, et avaient moins de quarante ans.

« Nous vous attendions, dit Toni. Un des Émissaires nous a averti. Nous allons tout faire pour que vous vous sentiez bien ici. »

Ils nous apportèrent des chaises. Une marmite de soupe cuisait à petit feu sur un poêle à bois. Ils nous servirent cinq bols. Je n'avais pas réalisé combien j'étais affamé. C'était délicieux. Duro discutait vivement tout en mangeant. Je trouvais la situation bizarre parce que tellement normale. Ça n'avait rien à voir avec la communauté silencieuse et sombre à laquelle je m'attendais.

« Oui, vous allez voir comme nous sommes normaux, dit Toni.

— Comment savez-vous à quoi je pensais? lui demandai-je.

— Les pensées personnelles n'existent pas ici. Nous sommes des assistants parce que les Émissaires n'ont pas besoin de nous parler. Ils pensent à ce qu'il leur faut, et nous le leur apportons. C'est comme ça ici, vous allez vous y habituer.

— Vous êtes assistant depuis combien de temps? demandai-je.

— Cinq ans. Je suis de Split. Un jour, un ami m'a proposé de venir à un cours de méditation. Je n'en avais jamais fait, alors j'ai accepté. Et pendant la séance, j'ai eu l'impression d'être dans l'esprit de l'animatrice. J'entendais littéralement ses pensées. Et je savais qu'elle s'en rendait compte. Après le cours, elle m'a dit qu'elle connaissait un endroit où je pourrais utiliser ce don, mais que cela impliquait un grand sacrifice. J'ai tout de suite su que je devais y aller, sans même savoir de quoi il s'agissait. Une semaine plus tard, je suis arrivé ici et n'en suis plus reparti.

— Savez-vous pourquoi je suis ici?

— Bien sûr, me dit-il comme si tout ça était très banal. Pour étudier la Lumière Divine, puis enseigner aux autres comment la répandre. Ils vous attendent depuis très longtemps. Ils attendaient que le monde soit prêt, et maintenant qu'il l'est, vous allez parler des Émissaires aux gens, et leur apprendre à faire ce qu'ils font. Et cet endroit disparaîtra, et je pourrai retourner à Split. »

Il rit et me tapota l'épaule. Je l'avais tout de suite bien aimé. Il était affectueux et doux, mais doté d'une force intérieure qui m'attirait. Il me raconta comment les autres assistants avaient trouvé la communauté et d'où ils venaient : deux de Croatie, un de Bosnie, un de Serbie, un d'Albanie et le sixième d'Autriche. Ils étaient tous gais et accueillants. Nous étions en leur compagnie depuis une heure lorsque Duro dit que nous devions nous retirer. Sonja nous reconduisit à la première maison. Elle servait d'habitude à cinq ou six femmes, qui avaient emménagé de l'autre côté du terrain pour la période de notre séjour.

Les cabanes du bois appartenaient aux douze Émissaires, qui vivaient seuls, répandaient la Lumière Divine douze heures par jour, de minuit à midi, et passaient le reste du temps dans leur cabane ou avec un des assistants. Ils ne venaient jusqu'aux maisons et ne voyaient plus d'une personne à la fois que rarement. Leur rôle était de tenir la Lumière, et quand ils ne méditaient pas, ils se préparaient à la séance suivante.

Revenus dans la maison, nous y avons trouvé des lits faits et nous sommes préparés pour la nuit. Dans quelques heures, le reste de la communauté devait commencer ses douze heures de veille. Duro nous conseilla d'aller nous reposer et de les rejoindre dès le matin. La journée avait été longue et nous étions épuisés. Duro et moi nous partagions la même chambre.

« Que va-t-il se passer, demain? lui demandai-je à peine couché.

– Nous participerons aux dernières heures de méditation. Après, je ne sais pas. Mais ils ont certainement déjà des projets.

— Franchement, je ne suis pas tranquille. J'ai du mal à y croire. Je ne comprends pas pourquoi ils m'ont choisi, je veux dire, peut-être, une fois qu'ils me connaîtront...

— Vous n'avez été choisi pour aucune des raisons auxquelles vous pensez, dit Duro. Ni parce que vous êtes le meilleur, ni parce que vous pourrez enseigner mieux que quelqu'un d'autre, mais parce c'est déjà en vous. Ce n'est pas quelque chose que vous allez apprendre, mais vous rappeler. C'est vrai pour nous tous. Nous répandons déjà la Lumière Divine, parce que cette lumière, c'est nous. Mais si nous oublions ce que nous sommes, nous ne pouvons la projeter que confusément. Il s'agit donc ici de désapprendre les pensées qui vous empêchent de répandre la Lumière pour que tout ce que vous ferez soit un reflet de la vérité. »

Je me tournai contre le mur. Tout était arrivé très vite, pourtant je me sentais prêt, sans savoir exactement à quoi. Je repensai à mon rêve et à Celui qui était au Centre. Était-il réel? Qu'allait-il se passer quand j'entrerais pour la première fois dans le cercle? Mon voyage en Croatie et en Bosnie m'avait mené bien plus loin que prévu, et j'attendais le lendemain matin avec une immense impatience.

Il était presque neuf heures quand je me réveillai. Les autres étaient déjà habillés. Une jatte de fruits nous attendait sur la table. Nadina mangeait une orange, plus alerte que jamais. D'habitude, elle était plutôt morne le matin, comme moi d'ailleurs. Mais à présent elle rayonnait, comme si elle respirait pour la première fois de sa vie.

« Bonjour, Jimmy, dit-elle en se levant de sa chaise pour me prendre dans ses bras. Je suis tellement contente d'être là, je ne sais même pas pourquoi. C'est beau, les gens sont merveilleux. Vous vous rendez compte que je n'ai pas eu envie de fumer une seule fois depuis que nous sommes arrivés? Et Snjezana non plus. J'ai l'impression de n'avoir jamais fumé de ma vie.

– Il faut manger vite pour que nous puissions assister aux dernières heures de méditation, Jimmy, » dit Duro de la porte d'entrée.

Je pris une pomme et dis que je la mangerais en chemin.

« Je crains que ce ne soit impossible, dit-il. Hier soir, rien n'était très sérieux, mais n'oublions pas que nous sommes dans un lieu très sacré, peut-être le plus sacré du monde. Nous devons tout faire en fonction de ça. Ne pas manger en marchant, par exemple. Nous devons arpenter ces chemins avec la plus grande révérence, ne faire qu'une chose à la fois. Je vais vous en dire plus en y allant. Allez-y, mangez, nous partirons après. »

Je croquai ma pomme et sortis retrouver les autres.

« Nous nous dirigerons vers le cercle dans le silence le plus complet, dit Duro. Un des assistants nous montrera où nous asseoir, et nous y resterons jusqu'à la fin de la séance. Méditez comme vous le désirez, sans vous attacher à la forme. Vous remarquerez que les Émissaires restent immobiles. Une fois que vous serez assis, ne bougez pas non plus. Il est important que nous dérangions le moins possible. »

Nous avons suivi le sentier silencieusement. J'essayais de rester lucide et ouvert. Nous avons dépassé la maison où nous avions dîné, traversé une clairière et pris un autre sentier pendant cinq bonnes minutes. La forêt abritait d'autres cabanes presque invisibles si on ne les regardait pas activement. La communauté était intimement mêlée à la forêt, comme si elle faisait partie du cadre naturel. Rien ne gâchait l'équilibre et la beauté du paysage.

Duro s'arrêta au bout du chemin. Je vis alors le lieu de méditation, tel que Duro l'avait décrit, mais plus grand que je l'avais imaginé : il faisait douze à quinze mètres de haut. Un des assistants nous attendait près d'une petite porte, et nous la tint ouverte tandis que nous entrions. Il nous fit longer le mur pendant une dizaine de mètres, puis nous fit asseoir à trois mètres les uns des autres.

Je remarquai en premier l'intensité lumineuse dont avait parlé Duro. Ce n'était pas simplement une pièce extrêmement claire, mais plutôt un rayonnement de l'intérieur. Impossible à décrire! Tout le sol était occupé par l'immense roue aux symboles antiques, exactement comme dans mon rêve. Douze personnes, six hommes et six femmes, étaient assises en tailleur à l'intérieur du bord de la roue, chacune dans un rayon, et méditaient intensément. Les six assistants étaient debout le long du mur. Il ne s'agissait pas pour eux d'assister physiquement les Émissaires pendant la séance, mais de les aider mentalement. Une sorte d'échange énergétique s'effectuait dès que l'esprit d'un Émissaire divaguait ou s'affaiblissait, le revivifiant et l'aidant à se re-concentrer.

Je tombai immédiatement dans une méditation profonde. Les conditions étaient si propices à la paix et à la tranquillité que mon esprit réagit aussitôt. J'avais les yeux à demi ouverts et les promenai aisément le long de la pièce. Le toit voûté était percé par une grande lucarne d'au moins deux mètres carrés. La fumée de l'encens flottait comme un nuage dans la lumière. La pièce était presque vide, à part les longues bougies qui brûlaient çà et là. Il n'y avait aucun meuble. Tout le monde était debout ou assis par terre. Et là, à travers une légère fumée, je vis Celui du Centre, qui me regardait fixement et souriait. Ses yeux me traversèrent comme deux rayons laser. Je me détournai un instant. Quand je me retournai, ils étaient clos et son sourire éteint.

C'était incontestablement le même homme que celui de mon rêve. Ce n'était pas facile de bien le voir à travers l'encens et la lumière éblouissante, pourtant j'en étais certain. Mon esprit basculait dans un espace paisible et profond. Je ne faisais qu'un avec la pièce et ceux qui s'y trouvaient. Je ne pensais plus. Mon esprit était calme et tranquille comme jamais auparavant. L'énergie m'entourait et me pénétrait. Les espaces et les limites semblaient fondre pour se mêler à mes sensations, qui n'étaient plus physiques, mais totales, complètes et uniformes.

Je perdis conscience du temps et ne sais pas si je restai dans cet état dix minutes ou deux heures. Mon esprit ressemblait à une masse d'eau qui retenait son énergie, sans agitation ni vagues ni même le plus infime clapotis, soulevée seulement par le battement silencieux d'un cœur invisible, et reposée pour devenir l'essence de la clarté. Puis, dans ce silence, j'entendis une voix. Murmure tout d'abord inaccessible, elle s'amplifia et s'éclaircit. J'arrivai à peine à en distinguer les mots. « Ne cherchez point la paix en ce lieu, mais partout. » Elle devenait plus forte et plus nette à chaque fois qu'elle jaillissait et retentit encore et encore jusqu'à ce que j'en sois totalement imprégné.

J'ouvris les yeux et vis les douze Émissaires et Celui du Centre qui me regardaient. C'était la voix, comme un mantra silencieux que l'un entonnait, un autre reprenait, puis un autre, indéfiniment, projetant mentalement ces mots à travers l'espace. J'étais sidéré, n'ayant jamais ressenti la clarté absolue de la pensée partagée. Celui du Centre me souriait à nouveau, beaucoup plus qu'avant. J'eus la sensation d'être réveillé brutalement. Un instant plus tard les Émissaires se tournèrent vers le centre et commencèrent à psalmodier doucement, dans une langue que je comprenais pas et qui ne ressemblait à aucune autre. Puis ils se levèrent et sortirent par la porte l'un derrière l'autre. Celui du Centre était le dernier, et me dépassa les yeux baissés. Nous nous sommes relevés et avons attendu que les autres soient partis pour sortir après Duro. C'était une journée claire et ensoleillée.

CHAPITRE SIX

Celui du Centre

Prière shintoïste pour la paix

Bien que les peuples qui vivent
par-delà les océans
soient tous, je crois,
nos frères et nos sœurs,
Pourquoi ce monde est-il
déchiré par des troubles constants?
Pourquoi les vents et les vagues se lèvent-ils
dans les mers qui nous entourent?
Je souhaite seulement que le vent
chasse bien vite les nuages
qui pèsent au-dessus de nos montagnes.

LES GRAINES DE LA PAIX

J e passai presque toute la journée seul. Quelque chose de très fort m'était arrivé ce matin-là, que je ne pouvais définir, mais qui m'avait expédié dans un espace à la fois inconnu et merveilleux. J'étais incapable d'émettre une pensée concrète. Tout partait à la dérive. J'avais l'esprit ouvert, clair et libre. Étrange impression, j'entendais presque ma raison m'appeler de très loin. Malgré toutes mes études du *Traité des miracles*, je me méfiais de cette nouvelle lucidité. Pourtant ma sensation de paix était bien trop extrême pour être dissipée par ces craintes. C'était comme si on m'avait ouvert la tête comme une boîte de sardines. Mon énergie ruisselait de mon crâne. Mes sens étaient aiguisés, alertes. Les sons et les visions de la forêt revivaient. Je ne faisais qu'un avec la vie et avec l'univers.

« Je vois que vous m'avez trouvé. »

La voix venait de la gauche, mais je ne voyais personne dans l'épaisseur de la forêt. J'avais erré et ne savais pas où j'étais. Je ne bougeai plus et attendis.

« J'ai dit : je vois que vous m'avez trouvé. »

Je vis enfin Celui du Centre à dix mètres de moi. Ses vêtements vert pâle l'aidaient à se confondre avec les arbres et les plantes.

« Je ne savais pas que je vous cherchais, dis-je.

— Bien sûr que si. Je vous appelais. Vous ne m'avez peut-être pas entendu, mais votre esprit savait où aller. Comment vous sentez-vous?

— Incroyablement bien, dis-je en marchant vers lui. Un peu

effaré, aussi. Je n'ai jamais rien vécu de semblable.

— Vous vous habituerez, dit-il. Votre corps a besoin de temps pour s'accoutumer à l'intensité de la Lumière. C'est comme de passer d'une pièce sombre dans une autre très claire. Dans quelques jours cela s'arrangera et tout ira bien. »

C'était bien un Américain, comme dans mon rêve, de taille moyenne, robuste, doté d'une voix forte et profonde, et d'un visage sombre et impressionnant. C'était difficile de lui donner un âge, peut-être cinquante ans, peut-être plus. Sa présence, fascinante, me donnait l'impression d'être un papillon de nuit attiré par la flamme.

« J'espère que vous pourrez me répondre, lui dis-je.

— Gardez vos questions, pour l'instant. Nous n'avons pas beaucoup de temps pour accomplir tout ce que nous devons. Savez-vous pourquoi vous êtes ici? »

Je lui dis que oui. Il m'écouta en prêtant attention non pas à mes paroles mais à mes intonations et à mes gestes, comme s'il était en train de prendre une décision sur moi. Puis il sourit et m'invita à sa petite cabane. À quatre ou cinq mètres de la porte un feu couvait dans un trou plein de cendres et de braises, quelques outils de jardinage étaient appuyés contre un mur, et une chemise séchait sur une corde, entre deux arbres. Il déposa quelques bûches sur les braises et me fit asseoir sur un rondin. Souple et agile, il s'agenouilla au-dessus du bois jusqu'à ce qu'il ait pris feu, puis il s'assit en face de moi.

« Vous êtes ici parce que votre conscience est sur le point d'éclore. C'est aussi simple que ça. Quand on se connaît soi-même, on connaît la vérité. Si on refuse de se connaître, la panique s'installe; la terreur vous poursuit lorsque vous réalisez que vous ne pourrez jamais être éternel, et que vous vous sentez coupable d'essayer de l'être. L'idée que nous sommes séparés les uns des autres et seuls n'est qu'une pensée. Fausse. La vérité s'est endormie en vous et rêve de séparation. Mais ce rêve se termine. La réalité va donner naissance à la réalité, et c'est pour cela que vous êtes ici, pour aider la réalité à naître.

— Mais comment? lui demandai-je.

— Oh, ça s'est déjà fait, c'est toute la beauté de la chose. Cela vous semble paradoxal? En fait, ça ne l'est pas. En rêve, un esprit peut créer n'importe quel monde, mais il ne peut le rendre réel. Il peut construire toutes sortes de mondes régis par des lois totalement différentes, mais quand cet esprit se réveille, il s'aperçoit que la réalité n'a pas changé. Tout est comme avant. C'est ainsi pour le monde physique. Quand c'est l'heure, le réveil sonne. Vous vous levez, vous brossez les dents, et vaquez à vos occupations, sans jamais penser que votre rêve était réel. Votre réveil est sur le point de sonner, Jimmy. L'éveil de l'humanité à sa Nature Divine est presque là. Votre tâche est de le faciliter. Vous comprenez?

— En théorie, oui. Mais je ne suis pas sûr de saisir complètement, ni de comprendre en quoi cela me concerne. Que vais-je faire pour provoquer cet éveil?

— Ce que vous devez, je suppose, dit-il en riant. Ne vous tracassez pas avec ces questions, Jimmy. Pour l'instant, vous êtes censé étudier les Émissaires. En voyant notre travail, vous saurez exactement quoi faire. Tout ce que je peux vous dire, c'est que les gens vivent dans la peur, et qu'il va falloir qu'elle sorte. Sinon, l'éveil va être traumatisant. Si la peur sort et que les gens réussissent à se détendre en se transformant, cette naissance sera simple. Vous devez donc les aider à évacuer leur peur, en leur enseignant la paix.

— C'est parce que je l'enseigne déjà que je suis là?

— Vous êtes là parce que vous avez choisi cette mission, dit-il en enfournant un bâton dans les braises pour activer le feu. Vous avez cherché à organiser cette tournée. Ne croyez pas que tout cela vous arrive, non, au contraire cela arrive grâce à vous. Vous devez transmettre la paix en enseignant la vérité. Quelle est-elle? C'est simple : l'humanité a choisi de s'isoler, de s'exiler. La douleur et la solitude du monde sont nées de l'idée que l'humanité peut être séparée de Dieu, de la création, du Divin. Mais je le répète, c'est une idée, une tentative de réaliser l'impossible. C'est pourquoi ça ne peut qu'échouer.

L'humanité a formulé une malheureuse « déclaration d'indépendance ». Ce faisant, elle croyait se séparer de son origine, illusion qui a apporté son lot de souffrances et de morts. Mais l'humanité a oublié qu'elle avait choisi cette séparation librement. Grâce à son libre arbitre, elle peut vivre tout ce qu'elle désire. Mais elle ne peut réaliser l'impossible : se séparer de son origine. L'éveil dont nous parlons est une véritable « déclaration de dépendance », qui consiste à accepter le fait d'être un créateur aux côtés de Dieu. En devenant complètement dépendants, nous nous sentons puissants, contrairement à ce que l'orgueil nous enseigne. En acceptant sa dépendance vis-à-vis de Dieu, on se débarrasse de cette illusion de séparation et on reprend sa place dans le théâtre divin.

— Mais comment puis-je transmettre cela? lui demandai-je.

— En apprenant à travailler avec la Lumière Divine, l'essence de la création, vous apprendrez à transmettre la vérité à tous les niveaux. Vos chansons feront passer une sensation de paix, bien au-delà des paroles et de la musique. Vos enseignements communiqueront l'indéniable, et vos écrits les éléments fondamentaux de la Lumière, la compréhension intellectuelle qui permettra aux gens de ne plus craindre de vivre la vérité. Vous enseignerez ce que vous aurez appris, et ne donnerez que ce que vous vous permettrez d'acquérir. Ce n'est que comme ça que l'on peut vraiment enseigner. »

Il se mit debout et se rassit juste à ma gauche. Il exhalait un parfum riche et intense, comme s'il était la terre elle-même. J'étais fasciné. Il s'inclina et me prit le bras.

« Les Émissaires de la Lumière préparent le monde pour ce moment depuis des milliers d'années. Notre seul rôle a été de laisser les portes du paradis ouvertes et de maintenir la force de la Lumière Divine. C'est parce que l'humanité a choisi cet étrange chemin que nous existons pour accélérer le retour de l'amour. Nous avons dû traduire l'énergie de la haine et de la peur en joie et en innocence. Les Émissaires ont toujours agi dans les régions les plus touchées par la violence parce que c'est la tension entre la violence du monde et leur paix qui donne toute sa valeur à leur mission. Nous ne sommes pas ici pour la Bosnie, mais pour le bien de l'humanité. Nous nous sommes installés ici pour montrer les différences inconciliables entre l'amour et la haine. Ce n'est pas pendant la journée qu'on allume un projecteur, mais la nuit, car c'est à ce moment-là qu'il éclaire. Au milieu des fumées et des destructions de la guerre, on ne peut ignorer une lumière aussi forte.

Nous menons notre mission secrètement parce qu'il n'est pas nécessaire que les gens sachent que nous sommes ici. Imaginez ce qui arriverait s'ils le savaient. Ils n'ont pas été capables, jusqu'à présent, de comprendre ce que nous faisons. Mais c'est en train de changer. Nous sommes depuis longtemps les gardiens de l'espèce humaine, et attendions dans l'ombre que l'humanité soit prête à contrôler son destin. Il y a aujourd'hui assez d'esprits éclairés pour que ce soit possible. La transition de la peur à l'amour sera facile, si ceux qui ont accepté l'amour font un pas en avant et guident cet éveil. La connaissance de notre travail accélérera ce processus. Lorsque l'humanité décidera de préférer la liberté à l'esclavage, notre mission sera accomplie. C'est ce que vous devez transmettre au monde, Jimmy. »

Il se leva et me fit entrer dans sa minuscule cabane. Elle n'avait qu'une pièce qui contenait un lit à une place, une table de nuit et une chaise en bois, et de l'autre côté, une petite table, une lampe à pétrole et une seconde chaise. Il n'y avait pas de livres ni d'objets personnels, les murs étaient nus, avec pour seules ouvertures une porte et une fenêtre.

« C'est ma maison, dit-il. C'est tout ce que je possède. Mon existence ne tourne qu'autour d'une chose : la Lumière Divine. La séance de méditation dure douze heures par jour. Ensuite je viens ici, mais ça ne change rien. La Lumière coule à travers moi partout. C'est ma fonction, le travail que j'ai choisi. J'étais comme vous autrefois, j'avais une vie normale, une famille, je voyageais. Et puis j'ai été « appelé », et dès que je me suis assis au centre de la roue, mon ancienne vie a disparu.

Notre rôle consiste littéralement à sauver le monde, non pas de la damnation, mais des conséquences de ses propres pensées violentes. Rien d'autre n'a d'importance. Votre vie ne sera plus jamais la même. Vous avez accepté une mission capitale : proclamer la fin des temps, qui ne se produira pas comme les gens l'imaginent, dans un nuage de fumée. Tout se terminera dans la Lumière parce que tout a commencé dans l'obscurité. La fin viendra lorsque l'humanité aura accepté de vivre dans l'éternité. C'est vraiment le moment le plus important de l'histoire. Vous devez aider les gens à comprendre la véritable signification de la paix pour qu'ils puissent préférer l'amour à la peur. »

Je m'assis :

« Je ne sais pas pourquoi je suis ici, ni ce qui va se passer, mais cela commence à m'accabler. Moi, je vais annoncer la fin du monde? Comprenez-moi bien, je vis quelque chose d'incroyable, mais je suis terrifié. Si ce que vous dites est vrai, je devrais être bouleversé par l'importance de cet endroit et de ce qui m'arrive. Si ça ne l'est pas, je devrais admettre que nous sommes fous tous les deux. Je ne sais pas quoi penser.

— Vous verrez bien, dit-il. Vous n'aurez pas à me croire sur parole très longtemps. Je vais vous expliquer exactement ce qui va se passer. À partir de demain vous participerez à la méditation dès minuit. N'ayez pas peur de ces douze heures. Comme vous l'avez constaté ce matin, la Lumière vous saisit, vous entrez dans un espace intemporel, et puis c'est terminé. Vous devez seulement intégrer les douze rayons projetés par les Émissaires, concrètement en étant présent aux séances, et intellectuellement en apprenant les principes essentiels de la Lumière Divine. Vous viendrez à ma cabane tous les après-midi. Je serai votre maître. Ensuite vous retournerez aux États-Unis, et recevrez d'autres instructions là-bas.

— Et les gens avec lesquels je suis venu?

— Tout ira bien. Ils vivent la Lumière, comme vous. Ils apprendront ce qu'ils sont venus apprendre. Personne n'est ici par hasard. »

Il s'approcha de moi et me mit la main sur le front. J'eus soudain la sensation d'être immergé dans un flux d'eau et de Lumière, je ne sais pas combien de temps cela dura. Mais quand tout fut fini, j'ouvris les yeux, et il était parti. Je me relevai et partis retrouver mes compagnons.

Je dînai tôt pour me retirer de bonne heure. Le reste du groupe devait se joindre à la méditation à six heures du matin. J'étais seul avec Snjezana et lui racontai ma conversation avec Celui du Centre.

« Heureusement que c'est vous qui avez été choisi, et pas moi, dit-elle en riant. Je ne voudrais pas annoncer la fin du monde. J'aime trop de choses pour qu'il s'arrête tout de suite.

— Je ne suis pas certain de comprendre ou de croire tout ça, Snjezana. Mais quand j'y réfléchis, tout ce que j'ai jamais fait ou appris m'a amené à ça. Il n'y a rien dans ce qu'il m'a dit que je n'aie pas enseigné moi-même. Mais c'est totalement différent quand ça vous arrive à vous. Tout à coup c'est concret, réel, au lieu d'être abstrait. Mais je projette, là. Je me demande comment je peux bien parler de ce lieu aux gens. Moi, je n'y croirais pas si on me le racontait. Est-ce qu'une seule personne me croira? Est-ce que je suis censé aller voir les gens et leur dire « Réveillez-vous, c'est la fin du monde »?

— Oui, dit-elle.

— Qu'est-ce que vous voulez dire?

— Que c'est exactement ce qu'il faut dire, peut-être pas en ces termes, mais je sais que vous trouverez les mots justes pour apporter la vérité aux gens. Vous en êtes capable.

— Mais ils penseront que je suis fou.

— C'est le monde qui est fou, répondit-elle. Depuis quand le monde est-il sage? Vous leur direz qu'ils sont faits d'amour. C'est simple. Que le paradis est réel, et qu'ils peuvent y accéder dès à présent. Qu'ils n'ont pas besoin de mourir ni de se réincarner cent fois. C'est ce que tout le monde meurt d'envie d'entendre. Ils attendent tous que quelqu'un le leur dise enfin avec fermeté. C'est ce que vous allez faire. Bien sûr qu'il y en a qui vont penser que vous êtes cinglé, mais d'autres comprendront, et c'est vers ceux-là que vous êtes envoyé, je suis sûre.

— Mais pourquoi moi? Il y a certainement des gens beaucoup plus qualifiés.

— Jimmy, quelque chose se passe quand vous jouez en public. Vous devenez translucide, vous disparaissez presque. Vous ne faites plus qu'un avec la musique. Et du coup votre auditoire la ressent de façon inhabituelle. Cela lui arrive parce que vous permettez que cela vous arrive à vous. Lorsque vous laisserez la Lumière Divine vous transfigurer comme la musique, les gens la ressentiront eux aussi. C'est comme ça que ça marche. Nous devons tous accepter la vérité pour nous-mêmes avant de pouvoir la répandre. Et quand nous la propageons enfin, ceux qui sont prêts la vivent eux aussi. »

Je savais qu'elle avait raison, que les Émissaires étaient bien réels, et que la mission à laquelle ils me préparaient l'était également. Cela m'effrayait tout de même. Mais il y avait quelque chose chez Celui du Centre qui me rendait confiant. Dieu seul savait dans quoi je m'engageais, mais je m'y précipitais la tête la première.

CHAPITRE SEPT

Le pouvoir
de la Lumière

Prière africaine pour la paix

Dieu tout-puissant, Pouce Immense
sans lequel nous ne pouvons
même pas faire un nœud;
Tonnerre Terrible qui fend
les arbres les plus majestueux :
le Seigneur qui voit tout d'en-haut,
même les empreintes d'une antilope
sur le terrain rocheux d'ici-bas.
Vous êtes celui qui n'hésite pas
à répondre à notre appel.
Vous êtes la pierre angulaire de la paix.

LES GRAINES DE LA PAIX

Je m'éveillai dans le noir. Il était onze heures et demie, l'heure à laquelle je me couche habituellement. Je n'avais dormi que trois heures. Mon esprit était bien trop alerte pour rester endormi. Je m'habillai en essayant de ne pas réveiller les autres.

La lune était presque pleine, et il faisait assez clair pour trouver le chemin du lieu de méditation. Quelqu'un marchait devant moi. Il arriva à la porte d'entrée, et m'y attendit. C'était Toni.

« Bonsoir, Jimmy, chuchota-t-il. Vous pouvez vous asseoir où vous voulez à partir de maintenant. Si vous avez besoin de quoi que ce soit, appelez-moi mentalement. Je vous entendrai. »

Les Émissaires étaient déjà à leur place, y compris Celui du Centre. Après quelques instants de silence une cloche retentit. Les assistants allumèrent les bougies et l'encens, puis prirent place contre le mur. Alors, j'entendis un murmure sourd qui montait de la roue, et se transforma en une mélopée profonde, pareille à celle qu'avait chantée les Émissaires à la fin de leur méditation, la veille. Elle dura environ cinq minutes. Puis le silence régna. Je m'appuyai contre le mur et pris position. Il n'y eut plus un son pendant douze heures.

Il serait impossible d'expliquer ce que j'éprouvai. Comme on me l'avait dit, le temps ne s'écoulait plus normalement. Nous étions comme suspendus entre le temps et l'espace, dans quelque chose d'éternel. J'avais l'esprit calme et clair, et l'impression d'entrer et de sortir de la pièce, de m'élancer parfois à travers le monde pour me retrouver là, serein, et très conscient de ce qui m'entourait. Je remarquai à peine l'arrivée des autres. Nadina sourit et s'assit près de moi. Gordana, Snjezana et Duro se placèrent de l'autre côté de la roue. Puis tout redevint calme. Il semblait qu'une heure s'était écoulée. Le soleil brillait à travers la verrière et la pièce était inondée de lumière.

Peu de temps après je me mis à entendre le chant du matin précédent. Il commença doucement, puis s'amplifia. « Ne cherchez point la paix en ce lieu, mais partout. » J'ouvris les yeux et vis de nouveau les douze Émissaires et Celui du Centre qui me regardaient. Un instant plus tard ils entonnèrent leur psalmodie, et la méditation se termina.

Je déjeunai avec mes amis et les assistants. Cinq femmes s'étaient jointes à nous. Je supposais que c'étaient les occupantes habituelles de la maison. Exceptée Sonja, je n'en avais vu aucune. Je me sentais un peu plus à l'aise que la veille. Je m'assis devant le feu avec Toni et Gordana, qui avait beaucoup de questions à poser sur les Émissaires. Toni lui répondait de bonne grâce. J'étais frappé par sa franchise à propos d'une communauté soi-disant secrète. C'était peut-être parce qu'il était temps de la faire connaître au monde.

Je devais revoir Celui du Centre après le déjeuner. Ayant découvert sa cabane par hasard la veille, j'avais fait bien attention au chemin du retour, et la retrouvai aisément. Elle était éloignée des autres constructions. Selon Duro, Celui du Centre parlait rarement avec qui que ce soit. Je me considérais donc comme très honoré. En m'approchant, je le vis près du feu. Je ne dis pas un mot et m'assis en face de lui. Il leva les yeux, sourit et se remit à regarder les flammes, pendant au moins dix minutes. Je recommençai à me sentir mal à l'aise.

« C'est votre première journée de cours sur la Lumière Divine, dit-il sérieusement, à voix basse, sans quitter le feu du regard. Soyez très attentif car vous devrez intégrer toutes ces notions avant de pouvoir les transmettre. N'oubliez pas qu'il s'agit d'énergie, et non de forme. La forme est la *conséquence* de l'énergie, de la pensée, sans laquelle elle n'existerait pas. Quand nous changeons de façon de penser, la forme se transforme. C'est le principe essentiel. Notre rôle n'est pas de changer le monde, mais de changer nos pensées sur le monde. Cela vous dit quelque chose, n'est-ce pas? Parce que je parle une langue que vous comprenez. Quand vous enseignez, vous devez d'abord trouver un langage intelligible pour vos élèves. Ce ne sont pas les mots qui comptent, mais le fait qu'ils soient centrés sur la vérité. Et quelle est-elle? Simplement que l'amour est réel parce qu'il est entier. La paix est réelle parce qu'elle est totale. Dieu est réel parce qu'il est éternel. Ce qui n'est ni éternel, ni entier, ni total n'est pas réel, n'existe pas et n'a aucune incidence. Notre tâche consiste à révéler ce qui est réel. Ce faisant, nous révélons la nature de ce qui ne l'est pas. C'est aussi simple que ça, dit-il en me regardant et en souriant de nouveau. Maintenant nous pouvons commencer. Comment s'est passée votre première séance complète de méditation?

— Exactement comme vous me l'aviez décrite. Les douze heures sont passées comme deux. Je n'avais pas du tout l'impression d'être là, mais de flotter dans l'espace.

— Essayez de résister à la tentation de vous évader, dit-il. Comme les Émissaires, vous devez être présent. Les gens doivent voir que cet enseignement est raisonnable, et pas cosmique. On a trop insisté sur le fait d'utiliser la spiritualité comme échappatoire, au lieu de la laisser remplir son rôle, qui est de nous guider vers la vérité. Le moi peut se servir de la spiritualité à des fins négatives, comme de toute autre chose. Nous devons rester concrets, accessibles, pour que les gens ne nous prennent pas pour une religion magique ou une fantaisie mystique New Age. Il faut qu'ils puissent se fier à la réalité matérielle de la vérité et non à une espèce d'illusion fuyante. D'accord? Maintenant, dites-moi si vous avez vu quoi que ce soit en méditant, des couleurs ou des champs magnétiques?

— Non.

— Cela viendra, dit-il. Commençons par le premier cours. Hier, je vous ai dit que votre mission consiste à aider les gens à se débarrasser de leur peur. C'est le fondement de tout ce que vous allez apprendre ici. La peur n'est rien d'autre qu'un blocage devant l'amour. Pourquoi nous l'imposons-nous? Parce que nous avons choisir de nous voir à l'inverse de ce que nous sommes vraiment. C'est tout. En réalité nous incarnons l'amour. C'est notre nature fondamentale. Par la peur nous essayons de nous empêcher de nous voir tels que nous sommes. L'humanité est convaincue d'être faible, vulnérable, exposée aux attaques. C'est le contraire qui est vrai. Ce que Dieu a créé est resté pareil : l'homme est à l'image de Dieu. Ce qui a été créé comme un tout ne peut être divisé, mais peut être faussé. C'est l'effet de la peur : elle fait percevoir la perfection comme imparfaite, de voir ce qui est vrai comme faux.

Vous voyez comme c'est simple, Jimmy? En réalité vous n'êtes pas du tout votre corps, mais un esprit. Le fait d'être à l'image de Dieu n'a rien à voir avec le corps, mais avec l'invulnérabilité de l'âme. Nous nous identifions avec nos corps parce que nous pensons que nous sommes faibles, et non forts. Même la notion que le corps est lié à l'âme n'est pas complètement vraie. En fin de compte, l'âme n'a aucun rapport avec le corps, exactement comme vous n'avez aucun rapport avec votre chemise. Est-ce que ça aurait un sens de dire : je suis cette chemise, et cette chemise est moi? Évidemment que non. Vous vous en servez, comme de votre corps. Quand vous n'en avez plus besoin, vous la mettez de côté. La nature de l'humanité est de s'exprimer librement, sans être limité par la forme, sans contraintes. En nous identifiant à nos corps, nous limitons ce qui ne peut l'être. La liberté est l'attribut le plus vrai de l'esprit, alors que c'est la limitation qui définit le corps. En tant qu'esprit vous pouvez faire absolument tout ce que vous voulez, même vous voir comme un corps. Mais vous n'êtes jamais limité à cette expérience.

— Mais je suis dans un corps, dis-je. Tant que je serai dans ce monde, c'est comme ça que j'existerai, c'est une limite.

— Vous pouvez voir les choses comme ça, dit-il en changeant de position. Disons qu'un homme avait été jeté dans un donjon et condamné à y passer le reste de ses jours. Ce donjon était sombre, couvert de moisi, et il ne voyait qu'un gardien énorme qui ouvrait la porte métallique, une fois par jour, lui mettait une écuelle par terre, refermait la porte et s'en allait. L'homme pourrit sur place pendant des années et crut devenir fou. Finalement, il décida qu'il préférait mourir en s'évadant que de passer un jour de plus dans sa cellule. Il résolut d'attendre derrière la porte que le gardien lui apporte à manger et de l'attaquer. Mais il était sûr que le garde le tuerait, et c'était bien. Mieux que d'être éternellement plongé dans l'obscurité.

Le prisonnier prit place derrière la porte et s'arc-bouta contre la poignée. Dès qu'il l'eut agrippée, il se produisit une chose étrange : elle tourna sur elle-même et la porte s'ouvrit. Elle n'était pas verrouillée. Le prisonnier ne savait que faire. Il s'avança et ouvrit un peu plus la porte. Elle grinça très fort. Dans le couloir, il vit le garde qui le regardait sans bouger, lui sourit et le laissa passer. Il sortit en pleine lumière, il était libre.

Comprenez-vous le sens de cette histoire ? Ce prisonnier, c'est vous, et le donjon, votre corps. Vous pensez que vous avez été condamné à vivre dans votre corps comme si c'était une cellule de prison. Pourtant, la seule chose qui vous limite, c'est que vous croyez qu'elle est fermée à clé, qu'il y a un terrible gardien pour vous empêcher de sortir, et que vous devez y rester jusqu'à votre mort. Arrêtez d'y croire et la porte s'ouvrira. Vous êtes libre. Vous n'avez jamais été attaché. Votre corps n'était qu'une limitation, que vous vous imposiez à vous-même et qui entravait votre liberté.

— Vous donnez l'impression que c'est mauvais de nous considérer comme des corps, lui dis-je.

— Pas du tout. Ce n'est ni bon ni mauvais. En tant qu'esprits divins, nous avons le loisir de nous exprimer comme nous le choisissons, entre autres par nos corps. Ce choix, néanmoins, n'a rien à voir avec qui nous sommes vraiment. Que nous soyons dans un corps ou pas, la question est toujours de savoir comment nous exprimer : par l'amour ou par la crainte? Si on vit pour répandre l'amour, on utilise son corps pour exprimer ce que l'on est vraiment. Les Émissaires utilisent leur corps pour transmettre la vérité et non le reniement. Pour montrer aux gens comment se libérer de la peur, il faut apprendre à se servir de son corps différemment. Vous l'utilisiez pour transmettre la séparation, pour définir clairement tout ce qui vous sépare des autres. Vous allez maintenant leur montrer comment utiliser leur corps pour unifier, pour démontrer que la séparation, la peur et la mort sont d'impossibles rêves.

— Mais quel est le rapport entre le corps et la peur?

— On a peur parce qu'on se croit menacé. Seul le corps peut l'être. Le moi s'en sert pour prouver qu'on est un être isolé et vulnérable. Or, quand on est conscient de sa nature profonde ou de son esprit, on sait que c'est faux. On ne peut être attaqué parce qu'on n'est isolé de rien. Il n'y a donc rien à craindre. Il n'y a rien, en dehors ou au-delà de vous, pour attaquer ou blesser votre être véritable. On a peur parce qu'on a oublié ce fait. On s'est identifié à son corps plutôt qu'à son esprit. Il faut se libérer de sa peur pour comprendre son moi véritable et son union spirituelle avec toute la création.

Malheureusement cela semble très lointain quand on se réfère au monde du corps et de la forme. Les hommes ont besoin de toutes sortes d'instruments et d'exercices pour se rappeler la vérité et se ré-identifier. Vous vous souvenez quand je vous ai dit que la peur n'est rien d'autre qu'une impossibilité de vivre l'amour? Votre travail sera d'aider les gens à reconnaître cette impossibilité pour retrouver qui ils sont. Vous pouvez le faire de deux manières. Premièrement en reconnaissant chaque manifestation de la peur, chaque situation où elle apparaît, puis en trouvant une technique pour la faire cesser. Le problème de cette méthode est qu'il faut beaucoup de temps pour retrouver chaque pensée craintive blottie dans chaque recoin de l'esprit.

Deuxièmement, en se libérant de l'origine de la peur, autrement dit de sa première pensée craintive, sur laquelle toutes les autres se sont fondées. La première peur indique le début du fantasme, la création d'un système de pensée illusoire qui influence et contrôle votre perception du monde, de vous-même, des autres êtres humains et de Dieu. Écoutez bien, Jimmy, car ceci est la clé du rejet de la peur. La première pensée craintive, fausse, et illusoire sur laquelle toutes les autres se fondent est tout simplement l'idée que vous êtes séparé de Dieu. En vous percevant ainsi, vous créez un monde dans lequel vous êtes séparé de tout et menacé par tout. Or, si la peur est erronée à l'origine, toutes les pensées qui en découlent le seront. Supprimez cette idée et tout le reste s'effrite. Toute construction a sa pierre angulaire. Si on la retire, le bâtiment ne tient plus. Il n'est pas nécessaire de sortir un à un tous les blocages liés à la peur, il suffit de supprimer la notion qu'on est séparé de Dieu et le cauchemar de la séparation s'arrête de lui-même. »

Le feu commençait à dépérir. Le Maître se leva pour aller vers une pile de bois. Il y prit deux bûches, les plaça sur les braises, et se rassit.

« Les gens sont incapables de comprendre à quel point c'est simple, continua-t-il. La méthode que vous enseignerez sera donc une combinaison des deux approches que je vous ai décrites. Vous apprendrez aux gens à prêter attention à leurs pensées craintives, mais pas à les définir ni à les reconnaître. Autrement dit, n'utilisez pas votre intellect pour juger vos pensées. Traitez-les comme de l'énergie, sentez-en l'impact émotionnel et canalisez cette énergie différemment.

Je vais vous expliquer comment les Émissaires répandent la Lumière Divine. Si on arrête de considérer ses pensées comme vraies ou fausses, bonnes ou mauvaises, on les vit sur le plan énergétique et non intellectuel. Les Émissaires utilisent toutes leurs pensées, y compris celles qu'on pourrait croire négatives. Ce qui prouve que nous sommes capables d'utiliser pleinement nos pensées, et non d'être manipulés par elles. Les émotions peuvent varier en intensité et en vibration, mais ce sont toujours nos pensées sur ces émotions qui leur donnent leur force. On peut par exemple ressentir de la colère dans une partie du corps et de la joie dans une autre, alors que ce sont deux sensations très différentes. Lorsque nous sommes fâchés, notre corps est crispé, et quand nous éprouvons de la joie, il est détendu. Mais quand on fait abstraction des jugements et des pensées sur ces émotions et qu'on oublie les circonstances qui les entourent, on les vit comme de l'énergie.

Je vais vous montrer un exercice. Fermez les yeux et repensez à l'événement le plus heureux et le plus réjouissant possible. Revivez l'intensité de ce souvenir. Notez dans quel endroit du corps vous ressentez la chose : la poitrine, la tête? Oubliez le contexte qui accompagnait cette émotion. Laissez tomber les détails. Ne la jugez pas, mais observez-la, de manière complètement détachée. Une fois que vous y êtes arrivé, servez-vous de votre esprit pour la déplacer vers la poitrine, ce qu'on appelle le cœur. »

Il fit une pause, tandis que je me remémorais le jour de la naissance de ma fille, quand je l'avais prise dans mes bras pour la première fois. L'infirmière m'avait dit d'être heureux que ce soit une fille, parce qu'un garçon est toujours plus proche de sa maman, tandis qu'une fille est toujours la petite chérie de son papa. Le miracle de la vie était si fort dans cette créature aussi minuscule que magnifique. C'était la sensation la plus merveilleuse que j'aie jamais eue.

« Imaginez à présent une petite porte au milieu de votre poitrine. Elle s'ouvre, et l'énergie que vous avez dans le cœur se déverse comme un faisceau de lumière intense. Laissez l'énergie sortir de vous, blanche, brillante. Cette lumière n'implique aucun jugement, aucune pensée, aucun voile, aucune enveloppe. Vous libérez de l'énergie, c'est tout. Continuez jusqu'à ce qu'elle ait complètement disparu de votre poitrine. »

Je sentais la lumière qui jaillissait de moi, physiquement, affectivement, et surtout passionnément. Moins j'y pensais et plus la sensation s'intensifiait.

« Vos pensées à propos d'une émotion sont comme un voile qui vous aide à définir ce qu'elle signifie pour vous, continua-t-il. Vous jugez qu'une sensation est bonne ou mauvaise, gaie ou triste; cela ne fait que montrer votre attitude envers vous-même. Une personne positive sera plus encline à utiliser le voile de la joie que celui de la tristesse. Mais derrière chacun de ces voiles, il y a de l'énergie. C'est la sensation-même, l'essence de ce que vous éprouvez. En vous libérant de vos pensées à propos de cette émotion, vous pouvez ressentir l'énergie brute qui est le fondement de toute la création.

Gardez les yeux fermés et pensez à ce qui vous fait le plus peur. Sentez-le dans votre corps et imaginez-le avec le plus de détails possible. Où la sensation est-elle placée? Dans l'estomac? Dans la gorge? Maintenant, abandonnez la pensée, oubliez les circonstances, mais tenez-vous-en à la sensation, comme tout à l'heure. Sentez l'énergie sans décider si elle est bonne ou mauvaise. Utilisez votre esprit pour déplacer la sensation vers votre poitrine et laissez-la prendre de l'ampleur. »

Il se tut pendant que je faisais glisser ma sensation de l'estomac vers le cœur. Dès que j'abandonnai tout jugement, l'énergie me fit une impression différente. C'était la même intensité, mais le but était autre. La sensation était la même qu'avant : pleine et passionnée. Puis il me dit d'imaginer la petite porte et de laisser la lumière sortir. De nouveau, je sentis un incroyable flux d'énergie, comme si une immense vague jaillissait de moi. J'étais revigoré. Je ne dirais pas que c'était une expérience agréable, ou négative, mais stimulante et puissante, comme si j'avais dépensé une immense quantité d'énergie psychique.

« Bienvenue dans le monde des Émissaires de la Lumière, dit il en souriant. C'est ce que nous faisons chaque jour pendant la séance. Vous voyez, l'énergie, c'est l'énergie, ni positive ni négative. La façon dont nous l'interprétons est toujours liée à ce qui a de la valeur pour nous. Si vous vous débarrassez de vos jugements de valeur, vous pouvez utiliser toutes vos émotions, toutes vos sensations, pour répandre l'énergie, la Lumière Divine. Sans jugements de valeur, vos pensées craintives ne sont pas différentes de vos pensées joyeuses. Nous les emportons vers notre poitrine pour équilibrer et purifier la lumière, le cœur étant le centre de la compassion et de l'amour. Le don de la Lumière Divine est avant tout un acte d'amour, un don du plus profond de nous-mêmes. Ce n'est pas une expérience intellectuelle. En fait, comme vous venez de le constater, les pensées ne font que gêner. Pour se libérer du jugement, il faut mettre la pensée de côté et faire confiance à ses sensations. Ce sont elles qui font brûler la Lumière Divine. Quand votre esprit est bien clair, elles se transforment en rayons laser qui transpercent illusion et tromperie pour aboutir à la vérité de la création.

— Et vous vouliez savoir si j'avais vu cette Lumière pendant la séance? demandai-je.

— À ce moment-là, les Émissaires concentrent leurs sensations sur le centre de la roue. Nous nous clarifions l'esprit et entrons en contact avec notre moi véritable. Puis nous projetons la Lumière, exactement comme vous l'avez fait quand vous avez visualisé une porte dans votre cœur. La Lumière parcourt les rayons de la roue et est vivifiée par ses symboles. La façon dont cela se passe n'a aucune importance. Ce que font les Émissaires est unique, mais ce n'est pas loin de ce que vous enseignerez. La méthode que je vous ai décrite aidera les gens à se libérer de la peur qui les empêche de donner de l'amour, et à utiliser cette énergie pour se transformer. À chaque fois que vous employez cette technique, vous envoyez un courant d'énergie vivifiante qui accélère le réveil de l'humanité. Comme de plus en plus de gens apprennent à se débarrasser de leur peur et à la convertir en Lumière, le passage de l'humanité vers la prochaine étape de son évolution va vite arriver. Ce rejet de la peur en est la clé, et ce sera l'axe de votre enseignement. »

Il se redressa et me fit signe de le suivre à travers la forêt profonde, le long d'un sentier invisible qui nous éloignait de la communauté.

Le Maître ne disait pas un mot en marchant. Je voulais parler, mais me rappelai que Duro m'avait recommandé de ne faire qu'une chose à la fois. « Quand vous marchez… marchez » avait-il dit. Je pensai à tout ce que j'étais en train d'apprendre. C'était comme un cours intensif, comme si je n'avais que peu de temps pour tout apprendre. Et c'était bien comme ça. Je ne savais pas ce qu'ils avaient en tête, mais je n'allais certainement pas rester caché dans cette forêt éternellement. J'étais enchanté de ce qui m'arrivait, mais aussi terrifié par le fait que je ne maîtrisais rien. Je n'aurais pas pu partir si j'avais voulu. Je n'aurais pas pu retrouver seul le chemin de la voiture. Et même si j'y étais arrivé, il ne fallait pas oublier où j'étais. L'armée serbe n'était qu'à quelques kilomètres et je n'avais pas spécialement envie de la rencontrer.

Nous avons marché plus d'une heure en silence. La route grimpait presque constamment. Ici et là nous traversions une clairière et voyions la vallée, tout en bas. Où m'emmenait-il? Je n'osai le demander. Le sol s'effritait et devenait rocailleux. Je devais faire très attention pour ne pas me tordre la cheville. Il faisait frais et humide. Je respirai profondément l'air de la montagne. Nous arrivions au sommet. Le paysage était époustouflant, avec ses collines vallonnées à perte de vue.

« Vous êtes en Bosnie à présent, dit-il enfin. Mais ça dépend d'avec qui vous parlez. Pour les Serbes, la Bosnie n'existe pas. Mais pour les autres, cette montagne est en plein sur la frontière. C'est la raison du combat : qui est de quel côté de la montagne? Des centaines de milliers de gens ont été tués ou exilés à cause d'un trait par terre. Du moins, c'est ce qu'ils disent. La véritable raison est qu'ils ont peur. Je dis une chose et vous en dites une autre. L'un de nous doit avoir raison et l'autre tort. Nous sommes en compétition. Si vous n'acceptez pas de dire que vous avez tort, il va y avoir du grabuge.

Nous sortons tous les deux nos couteaux et commençons à nous battre. Tout ça parce que nous avons peur l'un de l'autre. Peur de laisser tomber toutes ces différences et d'être ensemble. On s'accroche à la peur et ça devient plus important que de se réconcilier. »

Il me prit par le bras et me plaça à deux mètres de lui.

« Vous êtes en Croatie, dit-il en faisant un pas en arrière. Et je suis en Bosnie. Nous sommes dans deux pays différents. Nous avons un gouvernement et des lois différents, même si nous ne sommes qu'à quelques dizaines de centimètres l'un de l'autre. Nous pouvons choisir d'être amis, ou ennemis. Dans le cas précis, nous sommes amis parce que nous avons un ennemi commun : la Serbie. Mais jusque récemment nous étions tous yougoslaves. Tout a changé et nous devons prendre de nouvelles mesures. Ça a l'air dingue, non? La vérité, c'est que nous faisons tous la même chose, de manière plus subtile, en nous figurant que nous sommes séparés les uns des autres. Tant que nous nous imaginerons différents, que ce soit dans des pays différents ou dans des corps différents, nous ne pourrons jamais nous entendre vraiment.

Si vous voulez apporter la paix, vous devez aider les gens à se débarrasser de leur peur, et surtout de ce que nous craignons le plus : nous-mêmes. Il est temps que l'humanité se souvienne, Jimmy, que chacun se réveille et comprenne enfin combien il est saint. Rejeter sa peur, ça consiste exactement en cela. Avons-nous besoin d'autres traits par terre? Ce dont nous avons réellement besoin, c'est de supprimer ceux que nous avons tracés en nous. Nous nous sommes séparés de tout, simplement parce que nous ne sommes pas prêts à voir qui nous sommes vraiment. Les Émissaires portent la lumière depuis très longtemps, il est temps que l'humanité prenne ses responsabilités. Combien de temps pouvons-nous continuer à nous détruire ainsi? La peur fait naître la cruauté, tandis que l'amour amène la compassion. Qu'allons-nous choisir? Croyez-moi, Jimmy, c'est maintenant que tout se décide. »

Nous sommes restés assis en haut de cette montagne pendant au moins une heure. C'est de la fermeté de sa voix que je me souviens le plus. L'humanité était à la veille d'un incroyable éveil, tout comme le Maître et moi étions là, l'un en Bosnie, l'autre en Croatie. C'était comme si nous étions dans deux mondes différents. Mais je commençais à réaliser qu'ils étaient sur le point de fusionner.

CHAPITRE HUIT

Le secret de la guérison

Prière amérindienne pour la paix

Ô *Grand Esprit*
de nos ancêtres, je lève
mon calumet en ton honneur.
En celui de tes messagers les quatre vents,
et de la Terre Mère qui nourrit
tes enfants.
Donne-nous la sagesse d'apprendre à nos enfants
à aimer, à respecter, et à être bons
les uns avec les autres afin de grandir
dans la paix intérieure.
Laisse-nous apprendre à partager toutes les bonnes
choses que tu nous apportes sur cette Terre.

LES GRAINES DE LA PAIX

B ien que la lune fût obscurcie par des nuages, je courus le long du chemin du lieu de méditation. J'avais hâte de commencer. Mon premier cours avait déclenché en moi une sorte de débordement. Les douze heures de méditation me faisaient un effet profond, que le temps passé auprès du Maître renforçait. L'équilibre était parfait.

J'essayai de rester aussi présent que possible pendant cette séance-là. J'étais déterminé à suivre les instructions du Maître à la lettre. Quelque chose s'était déjà métamorphosé en moi et j'étais certain de vouloir mener cette mission et cet enseignement à bien. Cette certitude s'approfondissait un peu plus chaque jour. Je n'aurais pu la décrire précisément, mais c'était une expérience intérieure qui transcendait la raison de par sa clarté absolue. Cette certitude était le fruit tangible de tout ce que j'apprenais des Émissaires.

La séance se déroulait comme celle de la veille. Les heures filaient sans effort. J'étais porté par l'énergie et ma méditation atteignait des sommets, mais j'étais constamment présent, je savais qui j'étais, où j'étais, et ce que je faisais. Je me souvenais des dessins lumineux que le Maître avait mentionnés. Je contemplais de temps en temps la pièce. Je voyais bien une brume, apparemment suspendue au-dessus de la roue. Duro en avait parlé. Mais cela aurait pu être un effet de la lumière ou un nuage d'encens. Je ne savais pas. Juste avant la fin de la séance, j'entendis mentalement de nouveau les mots familiers « Ne cherchez point la paix en ce lieu, mais partout », répétés plusieurs fois.

Après la séance, je partis me promener dans la forêt avant le déjeuner. Je suivis le sentier pendant un bon moment, puis m'en éloignai. J'étais déjà relativement loin des maisons et des cabanes. La profonde paix qui m'envahissait en méditant durait plusieurs heures. Je marchais sans réfléchir, profitant de cet immense silence intérieur. C'est alors que j'aperçus une cabane à une centaine de mètres. Je pensais être sorti du domaine de la communauté, et me demandai si je devais rebrousser chemin.

« Bonjour, dit une voix de femme derrière la cabane. Vous pouvez vous approcher si vous le désirez. »

C'était une des Émissaires, une femme âgée.

« Je suis désolé. Je ne voulais pas vous surprendre ni vous déranger.

– Absolument pas, dit-elle en souriant. Je suis heureuse que vous soyez ici. C'est bien de rencontrer celui qui va apporter les enseignements des Émissaires au monde. Je m'appelle Kira. »

Je me présentai. Je n'aurais pu dire d'où elle était d'après son accent. Mais comme la plupart de ceux que j'avais rencontrés, elle parlait un anglais impeccable. Elle était assise en face de moi, de l'autre côté de la roue, pendant la séance. Ses yeux étaient de véritables océans, bleus et pourtant chaleureux. Ils rayonnaient d'amour et de compassion.

« Vous êtes beaucoup plus jeune que ce que je pensais, dit-elle. Mais vous apprenez certainement très vite, si vous avez été élu pour cette tâche. Vous n'avez pas beaucoup de temps pour apprendre ce que nous faisons. Le jour est proche où les gens vont choisir entre la liberté et l'esclavage. À dire vrai, ils font ce choix constamment. L'énergie prend de l'ampleur, et quand le moment arrivera on ne pourra plus l'arrêter. Certains verront ce changement d'un bon œil, d'autres le considéreront comme négatif. Comme toute chose, c'est une question de perspective. Nous ne voyons que ce que nous voulons.

— Pourquoi est-ce tellement important que j'enseigne ces choses? demandai-je.

— Pour deux raisons. Premièrement, les gens doivent se libérer de leur peur pour pouvoir passer à la prochaine étape de cet éveil global. Deuxièmement, l'énergie générée par les masses de gens qui vont apprendre à canaliser la Lumière Divine permettra à l'humanité de dépasser cette *apparence* de changement pour aboutir à l'immuable en eux. C'est de cette mutation que nous parlons. Ce n'est pas une entrée dans les ténèbres, comme le pensent la plupart des gens, mais dans la lumière. La lumière et l'obscurité dépendent aussi de la perspective. Les hiboux, par exemple, voient parfaitement la nuit, et moins bien le jour. Leurs yeux ne fonctionnent pas comme les nôtres. La lumière dont nous parlons est un pas vers la vérité, une façon de se débarrasser de l'illusion de la séparation pour arriver à la réalité de l'unité.

— Quand est-ce que tout cela va arriver exactement? demandai-je.

— Très bientôt. Presque tout le monde, sur cette planète, a remarqué les changements récents. Les transformations écologiques ne sont bien sûr qu'un reflet du changement des consciences. La peur s'exprime plus que jamais, mais l'amour aussi. Ces deux énergies semblent prendre des directions opposées, et on dirait que le monde va se déchirer en deux. Mais l'éveil spirituel que vous avez observé n'est que le commencement. Les gens vont décider de se libérer de leur peur et de vivre dans l'amour. Un éveil que l'univers n'a jamais connu va s'opérer. Il est prêt à arriver. Mais il faut enlever les échafaudages pour pouvoir admirer l'intérieur du temple le plus magnifique qui soit. On a peint des fresques splendides, mais on ne pourra les apprécier tant qu'elles sont cachées. Ce processus de démantèlement des échafaudages peut paraître brutal, mais il est nécessaire pour voir la beauté du temple. C'est pourquoi il est tellement important que les gens apprennent ce qu'est la Lumière Divine, parce que cela leur apprend qui ils sont vraiment. »

La façon qu'avait Kira de dire la vérité était poétique. En dehors du Maître, ce fut la seule Émissaire que je rencontrai. Je me souvins que si je voulais déjeuner avant le cours, il fallait que je me dépêche. Je la remerciai et repris le sentier.

Cet après-midi-là, je trouvai le Maître en train de jardiner à côté de sa cabane dans un petit carré de légumes ensoleillé. Il ratissait les mauvaises herbes. Les rangées étaient bien ordonnées. Le jardin, plein de plantes vigoureuses, ne mesurait pas plus de dix mètres carrés. Il posa son râteau dès qu'il m'aperçut.

« Venez voir mon jardin, dit-il d'un ton enthousiaste. Les saisons sont à peu près les mêmes qu'aux États-Unis. Vous voyez comme ça pousse bien. Je rêve de trouver quelques plants de tomates. C'est ce que je cultivais avant de venir ici. Il n'y a rien de tel que des tomates de jardin à peine cueillies.

— Racontez-moi votre vie d'avant, dis-je. Tout ce que je sais, c'est que vous êtes Américain.

— C'est presque comme si vous me questionniez sur une vie antérieure. Tout a disparu quand je suis arrivé, ma famille, mes affaires. Et je me suis retrouvé ici.

— Mais qu'est-ce qui vous a amené?

— La roue. C'était il y a presque dix ans, avant la guerre, à l'époque de la Yougoslavie. J'avais toujours vécu dans l'Ohio. J'avais eu une famille, mais mes deux enfants étaient grands et loin. Ma femme était partie... elle était morte cinq ans plus tôt, dans un accident de la route. Ma vie était sans surprise. J'allais travailler, je rentrais à la maison. Je n'avais pas beaucoup d'amis, juste un vieux chien qui s'appelait Sam. Je n'étais ni heureux ni malheureux. J'existais, c'est tout.

Je n'avais jamais été pratiquant, mais m'étais toujours senti proche des autres et serein. J'avais lu tous les classiques de la spiritualité et avais même passé un mois en Inde. Tout ça très naturellement. Et puis j'ai commencé à rêver régulièrement d'une roue à douze rayons, qui tournoyait en essayant de m'envelopper. Je courais, me cachais et faisais tout mon possible pour m'en éloigner. Un jour je suis resté immobile. J'ai éprouvé une incroyable sensation de paix, alors que la roue s'est approchée et a pivoté exactement sur moi. Toutes les nuits suivantes, j'ai fait le même rêve : je méditais, assis au milieu de la roue, et rien d'autre.

Un beau jour, je me suis retrouvé dans un avion, en route pour la Yougoslavie. Je ne savais pas pourquoi, à part que j'avais plusieurs amis qui venaient de cette région et qu'elle me fascinait. J'ai atterri à Belgrade et ai voyagé dans tout le pays pendant une semaine. De fil en aiguille je me suis mis à errer, sans savoir vers où, mais en me sentant conduit et inspiré par quelque chose. Et je suis arrivé ici ; je vous le répète, je ne sais même pas comment. Les douze autres m'attendaient autour de la roue, assis. Je suis entré dans la pièce puis sur la roue et me suis assis au milieu. Rien n'a été dit ou fait. Tout est arrivé dans cet instant. Je n'avais besoin de personne pour me dire ce que cela signifiait ou ce que je devais faire. C'était le moment pour lequel j'avais été préparé toute ma vie, et je comprenais tout. »

Je ne savais pas quoi dire. Je m'identifiais tellement à son histoire, comme si j'avais moi aussi été mystérieusement amené dans cet endroit. J'étais attiré par cette région depuis plus d'un an, presque obsédé par l'idée de me produire en Bosnie et en Croatie. L'invitation et tout ce qui avait entouré mon arrivée dans la communauté étaient plus qu'énigmatiques. Et dès que j'étais entré dans le lieu de méditation, on aurait dit que tous les acrobates étaient retombés sur leurs pieds. C'était ce à quoi je m'étais toujours préparé. Tous les concepts et les exercices que le Maître m'enseignait, c'était comme si j'étais en train de m'en souvenir, et non de les apprendre pour la première fois.

« Bien sûr que vous ressentez la même chose, dit le Maître, lisant mes pensées. Comment pourrait-il en être autrement? Vous avez été amené ici exactement comme moi. Ce sont des rôles que nous avons choisis avant le commencement des temps, des contrats que nous avons conclus avec le monde. Nous avons tous une tâche ou une sainte mission à remplir, et aucune n'a plus d'importance que les autres. Même s'il vous semble que votre œuvre est plus essentielle qu'une autre, le fait est que nous avons tous le même but ultime : nous rappeler qui nous sommes. Le reste, c'est une pièce de théâtre. Sur scène un personnage peut avoir plus de texte qu'un autre, mais lorsqu'elle est finie nous retournons en coulisses et enlevons notre maquillage. Nous ne sommes que des acteurs sur la scène du monde.

— Alors ce rôle, de venir ici et de vous rencontrer, je l'ai choisi à un niveau inconscient? C'est ça que vous dites?

— Ce que je dis, c'est que nous choisissons tout ce qui nous arrive. Tout ce que vous avez jamais fait, les événements, les leçons, les erreurs et les jugements, vous a porté vers ce moment. Vous êtes ici parce que vous tenez à découvrir et à répandre la vérité. Mais ne pensez pas que votre tâche est plus importante que celle d'un autre. Chacun de vos actes est un pas de plus vers votre éveil. Je dis bien le *vôtre*. Votre travail ne consiste pas à réveiller quelqu'un d'autre, mais à ouvrir vos propres yeux sur la vérité qui est devant vous depuis toujours. Vous ne pourrez vraiment guérir tant que vous n'aurez pas compris qu'il n'y a rien à guérir. Est-ce que c'est clair? Vous guérirez en voyant derrière les masques que l'ego utilise pour cacher la vérité.

Imaginez quelqu'un qui porte un masque en plastique très laid et vous demande d'améliorer ce terrible aspect. À quoi cela servirait-il de repeindre le masque? Le problème, ce n'est pas sa laideur, mais sa présence. La guérison se fait quand on regarde ce qu'il y a dessous. Le beau visage n'est absolument pas touché par l'imperfection du plastique, mais vous ne le saurez peut-être pas tant que vous ne serez pas capable de voir au-delà de votre propre masque et de comprendre qui vous êtes. Les Émissaires sont des gens qui ont compris qu'ils portaient un masque et ont vu au-delà. Alors seulement, ils ont pu voir derrière le masque d'un autre, sans jugement, et montrer la beauté qui avait toujours été là. C'est ça, le vrai rôle de la guérison.

– On parle tellement de guérison, de guérisseurs, et de voir la lumière aux États-Unis, dis-je. Tout le monde est à la recherche de ce dont vous parlez, et malgré cela la plupart des gens ont l'air très malheureux. Ils lisent, font des stages et vivent dans des structures censées transmettre la paix et la vérité, mais tout ça fait penser à une distraction.

– Jimmy, écoutez, ça n'existe pas de ne pas obtenir ce qu'on veut. On peut obtenir quelque chose d'autre que ce que l'on pense, mais on a toujours ce qu'on veut. C'est l'ego qui vous empêche de vous concentrer là-dessus. On peut se servir de la spiritualité pour nier la vérité aussi facilement que pour la proclamer. C'est pour cela que l'honnêteté est vitale. On doit être capable d'examiner honnêtement ses motivations, tout ce qu'on cache derrière la peur pour ne pas voir la vérité derrière le masque. Quand on veut vraiment la paix, on ne vit que la paix. Quand on veut vraiment l'amour, on ne voit que l'amour. Commencer à être honnête, c'est regarder ce qu'on est en train de vivre et réaliser que c'est exactement ce qu'on a demandé. C'est sans doute la chose la plus difficile qui soit. Nous préférons penser que ce qui nous arrive est incontrôlable. C'est faux. Nous ne sommes victimes que de notre refus de vivre l'amour. L'honnêteté marque le début du retour à l'amour. C'est la première étape pour concrétiser notre puissance d'esprits divins.

Tenez, une histoire pour vous aider à comprendre. Il était une fois un grand maître qui avait de nombreux disciples en quête de vérité. Un jour l'un de ses élèves lui dit : « Maître, tout ce que je désire, c'est être aussi paisible que vous. Donnez-moi, je vous en prie, le secret de votre inspiration. » Le maître se leva et partit sans dire un mot. Une semaine plus tard, le même élève lui dit : « Maître, tout ce que je désire, c'est d'être inspiré comme vous. Ne gardez pas votre secret pour vous. » De nouveau, le maître se détourna de lui. Une semaine plus tard l'élève revint : « Maître, je sais que vous possédez le secret que je cherche. Je n'aurai pas de repos tant que vous ne me l'aurez pas confié. » Cette fois-là, le maître lui demanda de le suivre jusqu'à la rivière. Il ôta ses vêtements et plongea. Il dit à l'élève de faire de même. Le jeune homme sauta dans la rivière, mais avant qu'il ait pu commencer à nager, le maître le saisit et le maintint sous l'eau. L'élève se débattait, mais le maître était trop fort pour lui. Finalement, le maître le laissa remonter à la surface. Au bout d'un moment, il lui dit : « Quand tu étais sous l'eau, à quoi pensais-tu? » L'élève s'essuya les yeux et dit : « À respirer. Je ne pensais qu'à ça. » Le maître le regarda intensément : « Quand tu voudras être inspiré aussi fort que tu voulais respirer, je n'aurai plus à te dire quoi que ce soit. C'est toi qui me diras. »

Le Maître s'agenouilla de nouveau et reprit son jardinage :

« Prenez la bêche et aidez-moi à enlever ces mauvaises herbes, » dit-il.

Je la ramassai et bêchai soigneusement le pourtour des poivrons. Le silence régna quelques minutes. C'était bon de travailler la terre et de me salir les mains. C'était le style de vie simple que j'adorais mais ne connaissais plus depuis que j'étais en ville. Ce serait tellement facile de rester là! Le monde et ses problèmes me semblaient loin, même si nous étions en pleine zone de combats. Je pourrais aisément tout oublier. Mais les Émissaires n'avaient pas oublié. Leur travail ne les éloignait pas du monde, il les y liait très intimement.

« L'œuvre des Émissaires peut se résumer en trois mots, dit le Maître, la simplicité, la patience et la compassion. Le don de la Lumière Divine est la culmination de ces trois qualités. Vous devez commencer à les incarner vous-même, si vous voulez retenir cet enseignement. Ce sont les trois côtés d'une vérité unique. Tout ce que je vous apprends vous mènera en fin de compte à ces trois idées. Il faut absolument que vous compreniez leur signification réelle.

Regardez ce jardin. Ces trois idées s'y appliquent. Les plants sont très simples, des plus banals même, pourtant chacun d'entre eux a sa beauté et représente un aliment qui nous permet d'exister. Mais pour ce faire, il doit suivre son propre cycle. Chaque élément de la récolte se trouve dans la mémoire silencieuse de la graine. Sa patience produit de la nourriture à son propre rythme. Et pendant tout ce temps, la plante est nourrie par notre compassion : nous sommes tous les deux à genoux, en train d'en parler, d'arracher le chiendent qui pourrait l'asphyxier, et cet amour l'aide à atteindre rapidement la maturité et à se transformer en un légume sain et délicieux.

— Cela ressemble beaucoup à ce que les Émissaires font pour

l'humanité, dis-je en m'inclinant et en enlevant délicatement une mauvaise herbe nichée entre deux plants.

— Exactement, dit le Maître. C'est la même idée. La simplicité de notre travail vient de ce que nous savons que le résultat est assuré. Tout finira dans l'amour puisque tout a été créé dans l'amour. Notre tâche consiste simplement à accélérer un résultat déjà garanti. Pourtant cet éveil n'atteint l'esprit que lorsqu'il s'est suffisamment libéré de sa peur et a ouvert les yeux sur la vérité. C'est un processus qu'on ne peut pas précipiter, car cela engendrerait plus de peur et retarderait l'éveil. Imaginez que vous venez de passer des heures dans une pièce sombre. Ce serait traumatisant d'entrer brutalement dans un endroit clair. C'est pourquoi les Émissaires mènent patiemment de l'obscurité à la Lumière, comme on donnerait la main à un enfant apeuré.

— C'est ça qui est en train de nous arriver? Le monde est lentement porté vers la Lumière?

— N'oubliez pas que ce ne sont que des concepts, mais dans un sens, oui, c'est ça. La Lumière est en vous, Jimmy, pas à l'extérieur. Vous êtes ramené vers vous-même. Maintenant, voici quelque chose d'un peu plus difficile : le monde est en vous également. Toutes vos attitudes, vos réactions, votre façon de voir le monde, tout cela est en vous en ce moment. Mais y a-t-il un univers physique comprenant des corps, des immeubles et des jardins? Vous le pensez et c'est tout ce qui compte. Que ce soit un rêve ou une illusion, ça n'a pas d'importance si vous y croyez. C'est par nos croyances que nous devons commencer.

Il n'y a pas deux êtres qui voient le monde de la même manière. Votre perception est très différente de la mienne. Nous ne voyons même pas le même monde concret. Je le répète, ce que nous voyons est déterminé parce que nous croyons. J'ai entendu parler d'une étude où on avait élevé une portée de chatons dans un lieu composé uniquement de lignes verticales. On avait ensuite transporté les chats adultes dans une pièce ne comportant que des lignes horizontales. Ils butaient dans les murs, se cognaient sur les objets et renversaient tout ce qui était horizontal parce qu'ils ne voyaient que les choses verticales. Tout ce que vous voyez et en quoi vous croyez est là parce que vous y croyez. Vous ne concevez même pas ce que vous ratez, parce que vous n'avez pas accès à un cadre de référence plus large. Et ce qui vous empêche d'agrandir ce cadre, c'est la peur. Lorsque vous vous en libérez, vous commencez à tout voir différemment. Tout ce qui a toujours été devant vos yeux prend soudain vie.

Nous en revenons à se débarrasser de la peur. Voyez-vous en quoi c'est la leçon essentielle? Le bonheur, la joie et la liberté sont droit devant vous en permanence et n'attendent que votre bon vouloir. Vous avez traversé la vie en portant des œillères par peur de voir ce qui vous a toujours appartenu. Il est indispensable de dire adieu à la peur pour retrouver sa liberté. Tout ce que vous avez toujours désiré est déjà à vous. Il est temps que les gens comprennent combien c'est simple. »

Nous avons travaillé plusieurs heures au jardin ce jour-là. J'étais heureux qu'il soit si ouvert avec moi, complètement différent du mystique inaccessible que Duro m'avait décrit. Il était drôle et de conversation agréable. Même s'il était clair qu'il ne voulait pas parler de son passé, j'étais content du peu qu'il m'avait raconté. Je me sentais plus proche de lui, cela rendait notre relation plus réelle. Je suis parti juste avant l'heure du dîner. Il était encore à genoux, prenant soin de chaque plant comme si c'était son enfant.

Les journées passaient vite. Je m'étais habitué au mode de vie et aux horaires de la communauté et oubliais même parfois mon retour en Italie et mon envie de rentrer chez moi. La séance de méditation devint la partie la plus importante de la journée, suivie par mes rencontres avec le Maître. Je passais le reste du temps seul ou j'allais voir mes amis et les assistants. Je voyais surtout Toni, dont j'adorais le bon caractère. Et bien qu'il ne fît jamais montre de ses connaissances, je sentais sa force et sa clarté mentales. C'était l'exemple même de l'équilibre parfait. Un dicton taoïste dit : « Celui qui sait ne parle pas, et celui qui parle ne sait pas. » Cela me faisait penser à Toni. Il n'avait pas besoin de prouver son savoir et son intelligence, on voyait bien qu'il avait déjà sondé les profondeurs de tout ce qu'il étudiait.

Un jour, avant mon cours avec le Maître, je suis parti me promener en forêt avec Toni. Après une vingtaine de minutes, nous sommes arrivés en bas d'une colline escarpée. Toni ne parlait jamais. Il m'a jeté un coup d'œil par-dessus l'épaule pour vérifier que j'étais encore là, et a commencé à grimper. Le sol était couvert de gros cailloux qui roulaient sous les pieds et d'épaisses touffes d'herbe. Je me retenais aux branches quand cela glissait trop. Toni avait l'air de faire de l'escalade tous les jours. En moins de temps qu'il ne faut pour le dire, il était arrivé au sommet et m'attendait.

« J'adore grimper, me dit-il, même pas essoufflé. Je viens souvent, ça me fait de l'exercice.

— Où allons-nous? lui demandai-je en arrivant enfin.

— Vous allez voir. Il y a quelque chose que je voudrais vous montrer. »

La colline s'aplanissait à partir de là, et Toni était déjà reparti. Il me fallut un moment pour reprendre mon souffle, mais je ne le laissai pas prendre trop d'avance sur moi. On voyait tout de suite qu'il était en pleine forme. Grand et mince, il avait l'allure d'un athlète croate, avec ses cheveux noirs et courts. Je supposais qu'il avait mon âge, la petite trentaine, mais ne lui demandai jamais. Il portait un T-shirt et un short de coureur. Mon jean, par contre, ne me facilitait pas l'escalade.

Quelques minutes plus tard, j'ai entendu un son inhabituel. Je n'aurais pu dire d'où il venait à cause du vent qui soufflait entre les arbres au-dessus de nos têtes. Très vite, nous sommes arrivés sur une falaise qui surplombait la vallée. Je voyais, au loin, le haut du lieu de méditation qui dépassait des arbres. Toni m'a pris par le bras et m'a montré, sur la gauche, une magnifique cascade pas très éloignée qui jaillissait du sommet de la colline pour couler une trentaine de mètres plus bas. C'était très beau. Toni s'est de nouveau précipité dans la forêt, je l'ai suivi et nous avons marché à toute allure entre arbres et broussailles en direction de la chute d'eau. Le bruit montait. En quelques instants nous étions à trois mètres du haut de la falaise. L'eau était presque silencieuse avant d'arriver au bord et de retomber dans un grondement de tonnerre. Nous avons longuement admiré la beauté des lieux, puis nous sommes assis sur un grand rocher tout proche.

« Je voudrais vous apprendre quelque chose, dit Toni. Je sais que vous avez remarqué la psalmodie que les Émissaires vous transmettent tous les jours en fin de séance « Ne cherchez point la paix en ce lieu, mais partout. » Fondamentalement, vous lisez leur pensée. Le jour où vous êtes arrivé je vous ai dit que c'était très courant ici. En fait, c'est une part essentielle de mon travail. Il est très facile d'entendre les pensées des Émissaires parce qu'elles ont énormément de puissance. Mais je veux vous apprendre à écouter des pensées courantes, comme celles que vous ou moi pourrions émettre. Je crois que cela vous aidera dans votre mission. »

J'étais fou de joie de cette possibilité, et sidéré de la capacité des assistants à lire les pensées. Je m'étais souvent demandé s'il y avait un moyen d'acquérir ce don.

« La première chose à apprendre, c'est l'observation, continua Toni. Les gens émettent leurs pensées de nombreuses façons. Certaines sont très subtiles, d'autres un peu plus évidentes. La plupart des pensées s'accompagnent, par exemple, d'une réaction physique. Quand vous pensez à quelque chose de gai, vous souriez. Quand vous êtes triste, vous froncez les sourcils. Nous nous envoyons également des signaux moins flagrants : si je veux éviter une question, je détourne les yeux; si je mens, mes pupilles se dilatent. Le premier stade, pour se brancher sur les pensées d'un autre, consiste à observer ces réactions. »

Il me prit par le bras et me demanda de me mettre debout. Puis il m'emmena dans un coin où étaient alignés dix arbres.

« Vous voyez ces arbres? demanda-t-il. Je voudrais que vous pensiez à l'un d'entre eux. »

Je choisis le troisième à partir de la gauche.

« Maintenant je voudrais que vous gardiez cette pensée en tête en vous mettant derrière moi. Quand je me mettrai à marcher, suivez-moi, où que j'aille. »

Sans hésiter, alors que j'étais trois ou quatre mètres derrière lui, Toni alla droit sur l'arbre auquel je pensais.

« Incroyable! dis-je. Comment faites-vous?

– C'est vous qui m'avez dit où aller, avec votre tête et avec votre corps aussi. Je n'écoutais pas vraiment vos pensées. Je voulais vous démontrer comment on peut faire ça uniquement à partir des indices infimes donnés par le corps. Vous avez fait plusieurs choses qui m'ont indiqué l'arbre que vous aviez choisi. Par exemple, juste avant que je bouge, vous avez jeté un coup d'œil sur le troisième arbre à partir de la gauche. Ensuite votre regard s'est porté ailleurs, parce que vous aviez certainement compris ce que vous veniez de faire. Le corps ne ment pas, et n'a pas de secrets. Si l'on sait quoi chercher, on trouve toujours ce que l'autre pense.

Essayez. Je pense à un arbre. Pour que ce soit un peu plus facile, vous pouvez me toucher le bras. Ne pensez à rien, faites juste attention à mon corps. Il vous dira exactement ce que vous voulez savoir. Guettez la tension et le sens que prend ma main, même décontractée. Soyez ouvert, et laissez votre esprit vous montrer ce que je pense. Quand vous serez prêt, allez-y, je vous suivrai. »

Je fis un pas en avant, mais en continuant à lui toucher le poignet. Il ne faisait rien qui aurait pu me dire à quel arbre il pensait. Il était à moins d'un mètre de moi. Je marchais d'un côté de la rangée d'arbres, puis de l'autre. Je regardais ses yeux, sentais son bras. Rien! Et puis tout d'un coup quelque chose arriva. Je ne sais pas quoi, peut-être une petite saccade ou un halètement, mais je sentis quelque chose. Je m'arrêtai devant le sixième arbre.

« C'est celui auquel vous pensiez?

— Parfait, Jimmy. Vous avez réussi. Vous avez compris que vous n'étiez pas capable mentalement de relever les indices que je vous donnais, mais lorsque vous vous êtes permis d'observer de façon ouverte, sans blocages, vous êtes arrivé droit sur le bon arbre. C'est la clef du problème : fiez-vous à vos sensations et laissez votre inconscient remarquer les signes physiques de l'autre. Suivez toujours vos intuitions. Vous êtes capable d'observer et de traiter une énorme quantité d'informations, mais si vous vous cantonnez aux détails que vous remarquez consciemment, vous n'y arriverez pas. Bon, essayons quelque chose de plus difficile. Je vais penser à un arbre de la forêt, là-bas. J'en ai déjà choisi un. Suivez les mêmes règles qu'avant, et ça ne sera pas plus difficile. Commencez quand vous voulez. »

Je m'éloignai de la falaise et partis vers le bois. Toni me suivait, et je le touchais à peine au poignet. J'étais réceptif, j'essayais de ne penser à rien, et de suivre mes intuitions automatiquement. Après cinq ou six pas dans la forêt, j'eus l'impulsion de devoir tourner à droite. Je sentis que Toni se détendait, comme s'il était content que j'aie pris cette direction. Je marchai lentement, en guettant mes sensations et les « signaux » de Toni. Peu après j'eus l'impression d'être allé trop loin, sans savoir pourquoi. Dès que je revins en arrière je me sentis soulagé. Trois pas plus loin je vis Toni regarder très vite vers la droite, et me sentis attiré par là. Je tournai donc et marchai tout droit pendant trente secondes. Soudain je me sentis obligé de m'arrêter. J'entendis Toni respirer profondément. Il y avait trois grands arbres devant nous, je les regardai un par un, et en arrivant au troisième, j'éprouvai une sensation de chaleur à la main, comme si le poignet de Toni s'était réchauffé. C'était impossible, bien sûr, mais je pris cela comme un signe.

« C'est le troisième, dis-je. C'est celui que vous avez choisi. »

Toni recula en souriant.

« Vous êtes naturellement doué pour lire dans les pensées des autres, dit-il. Vous serez peut-être un assistant, à l'avenir. Vous avez été parfait. Je vous sentais relâcher vos pensées et faire confiance à vos intuitions. Exercez-vous, et vous pourrez bientôt saisir des pensées plus intimes. C'est le même principe : relâchement et confiance. Plus vous le pratiquerez, meilleur vous serez. »

Nous avons répété cet exercice trois fois avant de nous décider à rentrer. Je me réjouissais de cet apprentissage. Je me demandais s'il serait aussi facile de lire les pensées des autres. Peut-être que Toni était aussi fort pour émettre des pensées qu'il l'était pour les décrypter. J'étais impatient d'essayer avec mes amis.

Au moment où je rentrai, ils étaient tous là, et se reposaient. Tous mes compagnons avaient trouvé leur place dans cette communauté. Duro était déjà chez lui, de toute évidence à l'aise avec tout le monde. Nadina et Gordana passaient beaucoup de temps avec les femmes. Elles aidaient à la cuisine et aux diverses tâches ménagères. Snjezana semblait être le plus souvent avec les assistants, ce qui ne me surprenait pas, car elle ne m'avait jamais paru timide ou réservée. C'était une femme forte, et je me demandais si on la préparait elle aussi à une mission.

Je réfléchissais le plus possible à tout ce que j'apprenais du Maître. Même si je ne sentais jamais qu'il progressait logiquement, tout son enseignement était axé sur une idée centrale. La plupart de nos conversations étaient spontanées, mais chaque cours insistait sur l'abandon de la peur. Quand on y arrive, disait-il, le reste suit automatiquement. La peur nous paralyse et cache la joie et la liberté qui sont juste devant nous. Abandonner la peur, c'est comme d'ouvrir les yeux. Tant qu'ils sont fermés, nous ne pouvons accepter les dons que nous avons déjà. Plus nous nous libérons de la peur, plus nous voyons clair. Cela commence tout doucement, mais chaque pas nous montre que les démons que nous craignons tant n'existent pas. Leur réalité apparente est créée et nourrie par nos peurs. À la fin nous les traversons carrément comme s'ils étaient une brume. Il n'y a pas de bataille, il n'y a jamais eu de guerre. Ces dragons n'étaient que des moulins à vent que nous croyions immenses et menaçants.

« La peur est la seule chose qui nous sépare de l'amour, me dit-il un jour, assis au bord d'une rivière. On dirait que l'on a peur de tant de choses, peut-être de tout. L'ego cherche et trouve tout ce qu'il peut attraper et rendre effrayant. Mais la peur était déjà là. En nous. On croit qu'on a peur de ceci ou de cela, mais en réalité on n'a peur que d'une chose : l'amour. Et parce que nous sommes, en vérité, l'essence même de l'amour, nous avons peur de nous-mêmes. C'est pourquoi nous fabriquons un faux moi, vulnérable et facilement attaqué. Cela nous empêche de voir l'origine de la peur, notre propre esprit, et nous permet de désigner une quantité innombrable de choses apparemment incontrôlables pour justifier notre peur.

Qu'est-ce qui nous fait penser que nous ne méritons pas d'amour? Pourquoi nous cachons-nous de qui nous sommes vraiment? Est-ce que cela a même de l'importance? Il arrive un moment où nous sommes fatigués de ces questions, où rien n'a de sens, où nous nous écroulons et crions au secours. Nous sommes las de nous cacher. Nous nous sommes défendus si longtemps que nous n'en pouvons plus. Nous capitulons. Le jeu est terminé.

Et c'est là que ça se produit. Subitement vous ouvrez les yeux et vous voyez quelque chose d'incroyable : votre propre sainteté, votre innocence, brillantes dans leur perfection. À ce moment-là, vous êtes comme le fils prodigue qui a enfin assez de courage pour rentrer chez lui. Son père l'attend et a complètement oublié l'héritage dilapidé. Tout ce qu'il sait, c'est que son fils rentre après un long voyage. Le fils a baissé les bras et se contenterait d'être traité comme un des domestiques de son père, mais le père n'envisage pas les choses ainsi. Ce qui lui importe, c'est que son fils perdu a été retrouvé, l'enfant chéri qu'il pensait mort est revenu à la vie.

C'est ce qui arrive quand nous abandonnons nos peurs. Combien de temps continuerons-nous à vivre dans la confusion avant de comprendre enfin qu'il y en a Un qui sait exactement ce que nous devons faire, et qui est prêt à nous guider à chaque instant? Les deux clefs pour se libérer de la peur sont la capitulation et la confiance. Nous voulons croire que personne d'autre que nous ne sait ce qu'il nous faut. Pourtant, si nous étions vraiment honnêtes envers nous-mêmes, nous comprendrions que nous ne faisons que nous mettre des bâtons dans les roues, et compliquer ce qui est vraiment simple. Admettons que nous ne savons pas toujours ce qui nous convient le mieux, que nous avons toujours pris toutes nos décisions par le petit bout de la lorgnette. C'est impossible que nous sachions tout ce que nous devons savoir pour porter un jugement, même le plus simple. Si nous sommes perdus dans une forêt en pleine nuit, ne continuons pas à marcher et à nous perdre encore plus. Restons tranquilles et attendons Celui qui connaît le chemin.

— Ce que vous dites, c'est que n'avons aucun contrôle sur nos vies, fis-je.

— Non, pas du tout. Je dis exactement le contraire. Tout ce qui nous arrive dépend de nos choix. En fonction de cela, il est facile d'établir si nous savons ce qu'il y a de mieux pour nous. Nos choix nous ont-ils causé des satisfactions? Cela veut dire que nous commençons à comprendre qui nous sommes vraiment. Ils nous ont causé des problèmes? C'est donc que nous avons pris des décisions contraires à nos intérêts. La première étape, c'est toujours d'admettre que l'on ne sait pas quoi faire. La suivante, de faire un pas en arrière et de rendre le contrôle à Dieu ou à notre pouvoir suprême. Comment? C'est tout simple : en capitulant, en baissant les bras. C'est là que la confiance intervient. S'il est clair que vous ne savez pas ce qui est bon pour vous, il vous faut maintenant admettre que Dieu le sait, et qu'il vous guidera si vous le laissez faire.

— Je crois que je comprends, dis-je. Mais ce qui se passe, en général, c'est que je capitule pendant un moment, pour retomber dans mes vieilles habitudes au bout d'un jour ou deux.

— C'est parfait, dit le Maître. À ce moment-là, au moins, vous comprenez ce que capituler veut dire. Vous sentez-vous en paix avec vous-même quand cela arrive?

— Complètement. À chaque fois que j'arrête de manipuler les choses et que je les laisse se produire, il y a des miracles autour de moi. Les miracles sont tout naturels quand nous laissons couler, je le sais. Mais comment m'en souvenir quand je reprends le volant et que j'essaie de tout faire?

– Cela arrivera si vous vous entraînez à vous en souvenir. C'est normal d'oublier, et on apprend à partir de ses erreurs. Ne vous battez pas la coulpe à chaque fois que vous retombez dans ces vieux schémas, ça ne fait que les renforcer. Quand vous réaliserez que vous avez oublié pendant quelque temps, haussez les épaules et recommencez. Ce n'est pas grave. Prenez ça comme un jeu, pas trop au sérieux. Plus vous le ferez et plus vous vous exercerez à vous souvenir, plus vite vous laisserez les choses couler et serez heureux.

Vous aviez raison de dire que des choses miraculeuses surviennent lorsque vous vous mettez en retrait et que vous arrêtez de tout contrôler. Un miracle, ce n'est rien d'autre que l'expression spontanée de votre essence divine. Quand vous abandonnez la peur, vous détendez et retrouvez cette nature divine, les miracles se produisent tout autour de vous. Et c'est la même chose pour la guérison. Quand vous vous libérez de la peur, vous guérissez automatiquement, puisque ce sont les esprits effrayés qui produisent des maladies. Et comme on répand toujours ce que l'on pense être, quand on accepte la guérison on la répand par la même occasion. Tout guérit autour de vous, et tout vous arrive sans efforts ni problèmes. Au fur et à mesure que vous vous entraînerez, vous remarquerez que vous avez repris le contrôle. Plus vous vous mettrez en retrait, plus les choses se feront facilement. Toute crise devient un signe qu'il faut se détendre et plus vous aurez confiance, plus vous vous débarrasserez facilement de la peur qui semble dominer tout votre vie.

Cette rivière vous enseignera tout ce que vous avez besoin d'apprendre. L'eau suit le courant, lui fait confiance. Elle n'essaie pas de se diriger elle-même, et se laisse tirer naturellement vers la mer.

Le courant sait où il va. C'est son rôle. Les brindilles dansent gaiement sur l'eau et les poissons se fient à tout ce que le courant leur apporte. L'eau est attirée vers quelque chose de plus grand, la mer, où le courant naît et meurt à la fois. Et il en est de même pour nous lorsque nous faisons confiance à notre source et lui permettons de nous guider vers l'expression la plus pleine et la plus heureuse de la vie. »

Chaque jour, il y avait quelque chose de nouveau, mais tous ses cours avaient le même objectif : la paix. Ce n'était pas sur la paix mondiale qu'il insistait, mais bien sur la paix intérieure. La paix dans le monde vient naturellement quand nous vivons en paix avec nous-mêmes, disait-il. Nous faisons la guerre parce que nous avons peur les uns des autres. Nous sommes agressifs et haineux parce que nous avons peur de nous-mêmes. Parler de paix dans le monde avant d'affronter nos conflits internes, c'est mettre la charrue avant les bœufs. Pour se libérer de la peur, il faut comprendre que nous sommes autant la cause que la solution de nos propres problèmes. Il n'y a qu'un problème et qu'une solution : le problème est que nous croyons être seuls, la solution est que nous ne le sommes pas.

Les jours passaient. Mes cours continuaient. J'avais l'impression d'être sur un bateau qui descendait doucement la rivière. Je ne pouvais pas savoir que des rapides nous attendaient au tournant.

CHAPITRE NEUF

L'offensive commence

Prière musulmane pour la paix

Au nom d'Allah,
  le bienfaisant, le miséricordieux.
Loué soit le Seigneur
    de l'Univers qui nous a créés
    et constitués en tribus et en nations.
Que nous puissions nous connaître,
    au lieu de nous mépriser.
Si l'ennemi tend à la paix,
    tends-y également, et fie-toi
    à Dieu, car c'est lui
    qui entend et sait toutes choses.
Et les serviteurs de Dieu
    les plus Grâcieux sont ceux qui marchent
    sur cette Terre avec humilité,
    et quand nous leur parlons, nous disons « PAIX ».

LES GRAINES DE LA PAIX

E n me réveillant à onze heures et demie cette nuit-là, je sentis que quelque chose n'allait pas. Je ne pouvais pas mettre le doigt dessus, mais j'étais agité et circonspect, comme si quelque chose de terrible était sur le point d'arriver. Je m'habillai et sortis sur le seuil. Toni courait vers moi. J'entendis un son étrange, au loin. Je tendis l'oreille et compris qu'une bataille faisait rage à droite dans la montagne. Le bruit des bombes et des fusils brisait le silence nocturne. La communauté était nichée dans une vallée, entre deux longues collines, et on aurait dit que les bombes sortaient exactement de l'une d'elles. Toni s'approcha et me prit par le bras.

« Il faut vous dépêcher d'aller à la séance, dit-il. Nous devons tous y être, vos amis, tout le monde. »

Il entra dans la maison pour prévenir les autres. Je me précipitai vers le lieu de méditation. Tous les autres, y compris les femmes qui vivaient normalement dans notre maison, s'y trouvaient déjà. Les Émissaires étaient à leur place habituelle. Dès que j'entrai, ma sensation d'inquiétude disparut. Tant que nous étions là, rien ne pouvait arriver. Quelques minutes plus tard, Nadina, Gordana, Snjezana et Duro arrivèrent et s'assirent non loin de moi. Lorsque Nadina était passée, j'avais aperçu son regard apeuré. Puis tout se tut, et les Émissaires commencèrent leur psalmodie.

Pendant toute la nuit on entendit les explosions. Au début elles semblaient sourdes et lointaines, puis plus nettes et plus proches. Si l'offensive croate avait effectivement commencé, nous étions au pire endroit, quelque part au milieu, exactement entre les deux armées. J'avais du mal à me calmer et à méditer. Les explosions venaient par intermittence. Il y avait quinze minutes de silence, suivies de cinq ou six déflagrations soudaines qui arrivaient à chaque fois que j'allais plonger en moi-même. Les heures passaient tout doucement, le silence de la pièce ne nous apportant que peu de soulagement.

Je pensais à ce que la femme de l'ambassade américaine m'avait dit. C'était dangereux d'être là, coincé quelque part près de la frontière croato-bosniaque. Elle m'avait prévenu que l'armée croate prévoyait de reprendre des terres perdues au début de la guerre. J'en avais souvent entendu parler. Les Croates avaient hâte de démontrer leur force et la haine entre la Croatie et la Serbie était profonde.

Le soleil filtra à travers la grande lucarne vers six heures. Deux heures passèrent sans explosions. Les oiseaux chantaient. On les entendait par la porte ouverte. De temps à autre, une rafale distante rompait le silence, mais à part ça tout était calme. Juste avant midi, la psalmodie mentale commença. Puis les Émissaires firent leur prière finale et se séparèrent, suivis de nous tous. C'était une belle journée ensoleillée, une brise légère effleurait les arbres. Tout semblait fini. Nous avons suivi les assistants dans notre maison pour le déjeuner.

D'après Toni, il n'y avait pas eu de combats dans ces collines depuis plusieurs années. La région était entièrement contrôlée par les Serbes. À une quinzaine de kilomètres, il y avait deux villes très importantes pour eux. On disait qu'ils avaient fait venir une grande quantité d'artillerie lourde pour défendre la région contre les Croates. Tout le monde savait que l'offensive approchait, sans en connaître la date.

Nous avons mangé sans parler. Je sentais la guerre, réelle et proche. Nadina et moi étions assis par terre avec nos sandwiches aux légumes du jardin. D'autres étaient installés autour de la table de cuisine, trois près du feu. Toni était tout seul à côté de la fenêtre. Au début je croyais qu'il regardait dans le vide, mais ai ensuite compris qu'il observait le champ qui menait au sentier. Il s'est redressé d'un coup, comme s'il était le seul à entendre quelque chose. Il a fait un signe à un autre assistant, qui a immédiatement posé son assiette et est sorti en courant. Puis Toni a murmuré quelques mots à l'oreille de Duro. Les autres assistants ont commencé à sortir.

« Que se passe-t-il, lui ai-je demandé.

– Je vous expliquerai plus tard, a dit Toni. Venez tous avec moi, vite. »

Nous l'avons suivi. J'ai vu les autres assistants allongés ventre à terre. Toni nous a dit de faire pareil, de ne pas bouger et de ne pas parler. C'était tout. Nous étions éparpillés sur le sol, sans logique apparente. J'ai donc trouvé un endroit et ai fait comme les autres. Je suis resté immobile pendant quelques minutes. J'avais la même sensation menaçante qu'auparavant. Il n'y avait pas de bruit hormis le vent dans les arbres. Mais le silence en soi était effrayant. Personne ne bougeait. J'avais envie de courir, mais où aurais-je pu aller? Je voyais bien, à la réaction de Toni, qu'il se passait quelque chose de très grave. Je me suis enfoncé la tête dans l'herbe et ai retenu mon souffle.

Et puis j'entendis un son. Je ne savais pas lequel, mais au bout de quelques secondes je réalisai que c'était des machines qui s'approchaient de nous. Bientôt il y eut des voix, des cris, des hurlements. Les moteurs devinrent assourdissants et on entendit des bruits de pas. Je tournai la tête pour voir. Trois jeeps roulaient sur le champ, à trois cents mètres, suivies d'une douzaine de soldats armés, qui couraient comme s'ils étaient poursuivis. Ils se dirigeaient droit sur la maison. Je ne pouvais pas bouger. C'était des Serbes de Bosnie qui battaient en retraite. S'ils nous voyaient, ils nous tueraient sûrement. Et ils ne pouvaient pas ne pas nous voir.

Je ne pouvais bouger. Je savais que je ne pouvais rien faire d'autre que de rester par terre à attendre qu'ils nous passent dessus. J'avais beaucoup entendu parler des atrocités de l'armée serbe contre les civils. À ce moment précis, je ne voyais qu'une issue à la situation : ils allaient voir la maison, c'était une question de secondes, puis nous. Ils reculaient, ils étaient peut-être poursuivis, ils n'auraient donc pas le temps de discuter. Nous allions être tués. Vite, espérais-je. Je songeai à courir vers la forêt, ne serait-ce que pour ne pas rester là à les attendre. Et bien qu'il ne semblât y avoir aucun espoir de s'échapper, il y avait une atmosphère de paix autour de moi, comme si j'avais su que nous ne risquions rien. Je réouvris les yeux. Les soldats étaient au milieu du champ et marchaient vers nous. Je les regardai, complètement indifférent. Ce qui devait arriver arriverait. Je n'y pouvais rien. Je tournai les yeux vers Nadina. Elle avait l'air morte. Personne ne bougeait ni ne respirait. Il n'y en avait plus que pour quelques secondes. Nous ne pouvions qu'attendre.

Soudain, à l'improviste, les jeeps firent un écart de quarante-cinq degrés à droite. Les soldats les suivirent et, un instant plus tard, avaient à leur tour disparu dans les bois. J'observai la scène sans y croire. Je ruisselais de sueur, et mon cœur battait à tout rompre. Qu'est-ce qui les avait fait tourner? Il n'étaient pas à plus de cinquante mètres de nous. On sentait encore les gaz d'échappement. Ils ne nous avaient sûrement pas vus. Mais c'était impossible. La maison se voit parfaitement de l'autre bout du champ. Ils étaient si près de nous que je les avais entendus respirer en courant. Cela me faisait peur. Je savais qu'il s'était passé quelque chose d'incompréhensible.

Je n'étais pas sûr que c'était fini. Je me tournai vers Toni pour voir s'il avait bougé, mais non, tout était parfaitement immobile. Je pensai à la chance que nous avions eue. Si les soldats avaient tourné dans le sens inverse, ils seraient tombés en plein sur les cabanes. Je me souvins alors de notre arrivée à la communauté : nous avions traversé plus de la moitié du champ sans voir quoi que ce soit. Duro nous avait demandé de ne pas bouger du tout, et c'est là que je l'avais vue, comme si elle venait d'apparaître. Ce n'était que maintenant que je savais que la communauté se trouvait là, qu'il semblait impossible que quelqu'un s'approche autant que les soldats sans nous voir. Mes tempes battaient contre le froid du sol. J'étais enfin au milieu des combats, en pleine guerre. Ça n'avait pas l'air vrai, c'était comme un film, comme si je n'étais pas là. Mais j'étais bien là. La sensation de terreur aussi, et je savais que nous n'étions pas encore sains et saufs. Le plus dur, c'était l'impuissance. J'étais paralysé, incapable de bouger. Quand Toni nous avait dit de rester immobiles, sa voix avait un ton sérieux que je ne lui avais jamais entendu. Je respirai à petits coups. Nous ne pouvions rien faire tant que Toni ne nous en donnait pas le signal. Et les minutes semblaient des heures.

Des explosions retentirent de nouveau. Une bataille se menait de l'autre côté d'une des collines. J'avais l'impression que nous étions dedans. Quelques minutes plus tard on entendit un hélicoptère. Au début on le distinguait mal des rafales, puis on l'entendit mieux, comme s'il se rapprochait. Il venait vers nous. Je n'osai pas regarder, cette fois-là. Si les soldats n'avaient pas vu les bâtiments, un hélicoptère les verrait sûrement. Le bruit s'amplifia. J'étais certain qu'il nous avait vus. Je l'entendis nous survoler à pas plus de cinquante mètres. Je crus qu'il s'était arrêté et planait près du lieu de méditation. Je levai les yeux et le vis clignoter au-dessus de nous, puis partir. Je tremblais de tout mon corps. Le son de l'hélicoptère m'avait presque rendu fou. Je fis un effort incommensurable pour me maîtriser et ne pas courir vers la maison. Une heure passa sans que nous bougions. Les bombes continuèrent à éclater, puis ce fut fini. L'un des assistants nous donna finalement le signal de nous relever. Je brossai mes vêtements pour en faire tomber l'herbe. Mes jambes tremblaient. Mes amis avaient tous le même air incrédule. Nadina semblait sur le point de s'évanouir. Je lui pris le bras pour la ramener dans la maison.

Je m'assis sur une chaise et fermai les yeux. J'avais le corps tout endolori par la peur et l'estomac complètement noué. Je respirai profondément et me concentrai sur cette sensation. Puis je relâchai les pensées et les jugements qui semblaient causer cette émotion et arrêtai de penser aux soldats et à l'hélicoptère. Je suivis les instructions du Maître afin de canaliser ma peur. Je mesurai l'intensité de mon effroi, puis l'entraînai vers mon cœur et lui laissai trouver une sorte d'équilibre. Quand je fus prêt, j'imaginai la porte : elle s'ouvrit et un faisceau étincelant de lumière blanche en jaillit. Je me mis à vibrer de tout mon corps. Je m'adossai à la chaise et me cambrai tandis que ma peur se transformait en une vive énergie. Puis tout se termina. J'ouvris les yeux, complètement revivifié. La peur s'était littéralement dissoute.

Dix minutes plus tard j'étais assez lucide pour réfléchir à ce qui venait d'arriver. C'était étrange d'être si près de la catastrophe, et de la voir passer en douceur à côté de vous. J'en étais encore stupéfait. Pourquoi ne nous avaient-ils pas vus? Ils étaient si près. Ce n'était pas possible. Toni étant assis en face de moi, je lui demandai de m'expliquer.

« Vous vous souvenez du moment où vous êtes arrivé, dit-il, et que vous ne nous avez pas vus tout de suite? C'est parce que nous devions d'abord nous assurer que c'était bien vous avant de nous montrer. Cinq minutes plus tôt, nous étions allongés par terre comme il y a un instant. Quand nous avons compris que vous étiez des amis, nous nous sommes laissés voir. C'est comme ça que nous avons pu rester une communauté secrète, parce qu'on ne peut nous voir si nous ne l'autorisons pas.

— Mais comment est-ce possible? lui demandai-je. Cela veut dire que cet endroit disparaît carrément?

— Ça ne vous est jamais arrivé qu'un objet soit juste devant vous et que vous ne le voyiez pas? Vous le cherchez, il est bien là, et vous n'arrivez pas à le voir. Quelque chose empêche votre esprit d'admettre sa présence. Peut-être que vous ne voulez pas vraiment le voir, et vous ne le voyez pas. Et bien nous, nous ne voulons vraiment pas qu'ils nous voient, alors nous perturbons leur attention, et ils ne nous voient pas. N'oubliez pas que cette communauté existe depuis très longtemps. Vous croyez que les Émissaires n'ont pas appris quelques astuces en mille ans, ou plus? Ils sont capables de projeter leurs pensées extrêmement loin, à condition que nous n'intervenions pas. C'est pourquoi nous nous allongeons et ne pensons à rien. L'hélicoptère nous a bien survolés, n'est-ce pas? Mais nous a-t-il vus? Avons-nous disparu? Dans un sens, oui. Cela semble impossible, mais cela arrive. »

Peu après cet événement, le Maître me fit dire que notre cours serait annulé ce jour-là. Cela demandait apparemment une énergie immense de cacher la communauté. C'était l'exemple le plus convaincant du pouvoir des Émissaires. Je passai le reste de la journée avec mes amis. Ils étaient aussi étonnés que moi, surtout Nadina. Elle avait beaucoup changé depuis notre arrivée. Elle avait arrêté de fumer et était bien moins tendue qu'avant. Je ne l'avais jamais vue aussi heureuse. Snjezana et Gordana étaient différentes, elles aussi. Gordana semblait moins préoccupée par ses problèmes personnels. La communauté baignait dans une énergie vitale tellement positive qu'il était facile d'être libre et heureux.

En fin d'après-midi, je retrouvai Nadina et l'invitai à rentrer avec moi. Les autres étaient tous ailleurs et je voulais m'exercer à lire ses pensées, comme m'avait appris Toni. Nadina n'avait pas très envie de se prêter au jeu. Je réussis cependant à la convaincre. Je lui dis d'enlever sa montre et de la cacher dans la maison pendant que j'attendais dehors. Elle me fit ensuite rentrer. Après lui avoir expliqué ce qui allait se passer, je lui pris le poignet et fis un pas en avant. Je fus immédiatement submergé par une quantité de sensations et d'impulsions, dont celle d'aller vers la gauche, jusqu'à ce qu'une voix me dise d'arrêter. Nous étions dans le couloir. La chambre des femmes était à droite. Nous y sommes entrés et j'ai vu Nadina jeter un regard vers le placard. Je l'ai ouvert et ai tendu les bras pour atteindre une étagère, cinquante centimètres au-dessus de ma tête. Ma main est allée directement sur la montre, comme si j'avais su où elle était.

Nadina recula d'un air effrayé.

« Oh, mon Dieu, dit-elle, c'est incroyable, ce que vous venez de faire! Je ne sais pas si je dois être enchantée ou effarée.

— Pourquoi seriez-vous effarée?

— Parce que vous allez être comme les Émissaires, vous allez savoir tout ce que je pense. Je ne suis pas sûre que ça me plaise tellement.

— Et moi, je ne sais pas si ça marche comme ça, lui dis-je. Si vous élevez une barrière mentale pour cacher quelque chose, même un Émissaire ne pourra pas la traverser. De toute façon, je n'essaie pas de voir vos pensées intimes, du moins pas aujourd'hui.

— Ne prenez pas vos désirs pour la réalité, dit-elle en souriant.

Nous avons essayé un autre exercice un peu plus difficile. Je lui ai demandé de penser à un fruit. Je lui tenais la main, pendant qu'elle imaginait sa forme, sa couleur et son goût. Je ne pensais à rien en attendant d'avoir une impulsion. Quelque chose prenait forme, mais ce n'était pas clair. Puis j'ai eu une sensation bizarre dans la bouche : je commençais à saliver. Je ne savais pas si cela avait un rapport, car aucune image claire ne me venait à l'esprit. Mais je continuais à saliver.

« C'est un citron? demandai-je enfin.

– Oh, mon Dieu, cria-t-elle en se levant et en partant en courant dans la cuisine. C'est trop bizarre. Je veux rentrer chez moi. »

Nous avons passé encore une heure à cacher des objets et à visualiser des fruits. C'était un des moments les plus divertissants de tout mon voyage. Les autres sont rentrés et nous avons fait un peu de cuisine. Tout le monde était de bonne humeur, malgré ce qui s'était passé plus tôt. Après le repas, j'avais grand besoin de me reposer.

Au loin, le bruit des bombes rompait de temps en temps le silence de l'après-midi. Mais en début de soirée, tout s'arrêta. La bataille était terminée et j'étais heureux d'avoir traversé cette journée sans encombre. J'allai me coucher en espérant que le lendemain serait différent.

En me réveillant pour la séance, je me réjouis de n'entendre que les bruits de minuit normaux. Pas de bombes, ni de fusils, ni de soldats en train de courir. Il semblait bien que la bataille fût finie, au moins pour le moment. Il était impossible de savoir ce qui s'était passé. Les membres de la communauté n'en sortaient que rarement. Les femmes qui entretenaient les lieux n'allaient s'approvisionner à l'extérieur que quand c'était vraiment indispensable. La plupart des aliments poussaient dans de petits potagers éparpillés. Il fallait très peu de gens pour maintenir la communauté en bon état et nourrir ses membres. Il y avait encore beaucoup de choses que je ne savais pas sur les activités quotidiennes. Je n'avais jamais vu des gens vivre si simplement. C'était clair que tout tournait ici autour de la méditation des Émissaires. Tout était centré sur leur unique objectif : favoriser la paix.

J'avais hâte de reprendre mes cours. L'émotion de la veille augmentait mon désir d'apprendre, puis de remplir les fonctions qui me seraient assignées. C'était ma seule préoccupation : comment allais-je enseigner tout ça? J'étais impressionné que les Émissaires aient une telle confiance en moi, et d'avoir accepté une aussi grande responsabilité. Je me demandais pourquoi ils n'avaient pas choisi quelqu'un qui aurait pu divulguer leurs enseignements plus rapidement. Je n'avais jamais été célèbre. Mon seul livre ne s'était vendu qu'à quelques milliers d'exemplaires, et mon public musical était très limité. Ils savaient peut-être sur moi quelque chose que j'ignorais. Quoiqu'il en soit, c'était bizarre d'être responsable de quelque chose d'aussi important. Les Émissaires étaient une société secrète depuis des milliers d'années, et c'était mon travail de présenter leur message au monde. Je ne savais absolument pas comment y arriver.

Ces pensées me quittèrent dès que j'entrai dans le lieu de méditation, et la paix qui m'envahissait quotidiennement pendant la séance revint. C'était curieux aussi : je n'avais jamais été capable de pratiquer aucune sorte de méditation. J'avais du mal à rester assis pendant plus d'une demi-heure. Et voilà que j'étais impatient de me lever à minuit et de méditer douze heures d'affilée. Cela suffisait à me convaincre que quelque chose d'immense était en train d'arriver. J'étais touché par la grâce. L'énergie que les Émissaires nous transmettaient transformait totalement nos vies. Je ne pouvais même pas imaginer ce qui se passerait quand les gens apprendraient à faire ça eux-mêmes. Après avoir sauvé la planète du désastre pendant des siècles, ils s'apprêtaient à se retirer pour laisser l'humanité prendre soin d'elle-même. Les Émissaires en avaient été les gardiens, tant qu'elle grandissait et mûrissait. Maintenant, comme tout adulte, il était temps qu'elle se prenne en charge. L'humanité était enfin prête à être responsable de ses propres pensées. Je me demandais si c'était vraiment le cas.

Pendant la séance, je pensai à la question que le Maître m'avait posée sur le fait de voir des lumières ou des couleurs. Tout au long de la méditation je regardais la pièce de plusieurs manières, parfois en louchant, parfois en changeant de point de mire, en me demandant ce qu'il avait voulu dire. Rien ne se produisait. À plusieurs reprises il me sembla que la brume que je voyais flotter au-dessus des Émissaires se mettait à luir et à vibrer, mais je décidai que c'était une illusion optique et me remis à méditer.

Après déjeuner, je pris le chemin de la cabane du Maître. J'étais prêt à recommencer après cette pause d'une journée. Lorsque j'arrivai, il n'était pas assis près du feu comme d'habitude. Je regardai autour de moi mais il n'était pas là. Je m'assis à côté du feu qui avait l'air de brûler depuis un bon moment. Je voulus frapper à la porte, mais décidai que ce n'était pas correct. Je toussai à plusieurs reprises, au cas où il se serait reposé à l'intérieur. Cinq minutes passèrent sans que rien n'arrive. Je me relevai et fis quelques pas vers sa porte, puis toussai de nouveau.

« Vous êtes enrhumé? »

Il était assis à gauche de la porte sur un gros rocher, tout près, devant moi. Le feu n'était pas à plus de cinq mètres de la cabane. Était-il là depuis le début? Je ne pouvais pas ne pas l'avoir vu. Était-ce une autre façon de me montrer ce qui avait empêché les soldats de nous voir?

« Bien sûr que oui, dit-il en se mettant debout. Je voulais que vous en fassiez vous-même l'expérience, pour comprendre vraiment. Ne sous-estimez pas les capacités de celui qui possède à fond l'enseignement que je vous donne. Dites que c'est mental, miraculeux, ce que vous voulez. En fait, c'est très simple : l'esprit voit ce qu'il veut voir. Bon, bien sûr que vous vouliez me voir il y a un instant. Alors pourquoi ne m'avez-vous pas vu? Parce que j'étais capable de reconnaître que nos esprits sont ensemble, pas séparés. Dans un sens, il n'y a qu'un seul esprit qui s'exprime d'une multitude de façons individuelles. J'ai « vu » mon esprit, qui ne faisait qu'un avec le vôtre, puis je lui ai suggéré que vous ne vouliez pas vraiment me voir. Je vous décris ça de manière simpliste, évidemment. En réalité, c'est beaucoup plus facile, mais c'est le seul moyen de comprendre dont vous disposiez pour l'instant.

– Et les soldats? demandai-je. Vous leur avez fait la même chose?

– Exactement. Ce n'est pas plus compliqué avec cinq personnes qu'avec une. Ce n'était évidemment pas la première fois que cette communauté était dans une situation dangereuse. Il y a quatre ans, au début de la guerre, les Serbes de Bosnie sont arrivés par les montagnes comme les troupes de Napoléon. Personne ne pouvait rien faire. À un moment ils ont établi une base militaire juste de l'autre côté, dit-il en me montrant la colline de gauche. Des missiles nous survolaient tous les jours. Au bout d'une semaine, ils ont envoyé des hélicoptères, qui volaient à quinze mètres du lieu de méditation dix fois par jour, et des centaines de soldats qui traversaient cette forêt en entrant presque chez nous. Mais ils ne nous ont jamais vus. Nous n'avons pas été en danger un seul moment.

Souvenez-vous : Un Esprit, un seul, c'est la clé. C'est aussi une définition du travail secret des Émissaires. Les soldats ne nous ont jamais vus parce qu'ils ne nous ont jamais reconnus. Est-ce que vous comprenez? Vous voyez, nous acceptons la paix que l'humanité refuse. Comment les gens pourraient-ils nous reconnaître, alors qu'ils ne voient que la guerre? Les Émissaires ont choisi la paix, et un choix fait avec le Pouvoir de la Lumière Divine a un poids immense. L'humanité fait ses choix à partir de l'ego, ce qui est un choix très faible. En fait, notre choix efface celui de l'ego. C'est aussi simple que cela. Lorsque l'humanité choisira la paix, elle travaillera à nos côtés.

– Que voulez-vous dire? Je croyais que les Émissaires devaient cesser d'exister quand l'humanité aura appris à choisir la paix. Vous ne voulez pas dire que des gens viendront en Bosnie et en Croatie, ou qu'il y aura un nouveau groupe de douze personnes qui méditeront autour d'une roue, n'est-ce pas? »

Il rit de mon idée :

« Bien sûr que non. Ce que je veux dire, c'est que les gens doivent prendre leurs responsabilités. Ils doivent opter pour la paix, finalement et pour de bon. Comme je l'ai souvent dit, tout ce que nous vivons dépend de nous. Si vous voulez savoir quel choix vous faites, regardez autour de vous. Que voyez-vous, du calme ou des conflits? C'est la première leçon qu'un Émissaire de la Lumière doit apprendre, que tout ce qu'il vit est là parce qu'il l'a voulu. Ce n'est qu'en acceptant ça que l'on peut transformer ce qu'on vit. Nous sommes la cause et le monde, l'effet. Changez d'idée sur le monde et le monde changera.

– Vous pensez vraiment qu'il n'y a rien qui échappe à notre contrôle? Et les catastrophes naturelles, comme les tremblements de terre ou les ouragans. Si ce que vous dites est vrai, nous choisissons aussi ces choses-là. Ça n'a aucun sens. »

Il tisonna les braises avec un morceau de bois.

« Bien sûr que ça n'a pas de sens, dit-il. Votre vie est fondée sur l'idée que tout nous échappe. Et cela vous semble vrai tant que vous n'avez pas pris les rênes et choisi la paix. C'est là que tout change. Vous commencez à ressentir la puissance de vos choix. Et c'est là que vous réalisez.

— Mais comment faire ce nouveau choix? lui demandai-je. C'est une chose d'admettre que je suis la cause de ce qui m'arrive, mais c'en est une autre de choisir de nouveau.

— Je vous ai dit que vous allez apprendre aux gens à se libérer de la peur. Quand elle n'est plus là, l'amour nous vient naturellement. Cela arrive tout seul. Cela sera différent pour chacun, donc je ne peux pas vous décrire le déroulement précis. Mais je vous ai donné des lignes directrices pour vous aider à reconnaître les attitudes qui dissimilent votre peur. Quand nous en prenons conscience, c'est comme s'il y avait un projecteur dessus. Elles se cachent dans l'obscurité et ne peuvent pas exister en plein jour. Elles sont comme des ombres qui disparaissent sans laisser de trace. »

Je regardai mon ombre, à gauche. D'après lui, la peur ressemblait à ça, à une ombre, une image irréelle que nous croyons vraie. Je n'étais pas certain de comprendre. La peur que j'avais ressentie lorsque les soldats s'approchaient de la maison était bien réelle.

« La peur semble toujours réelle, dit-il. Sans cela vous ne la laisseriez pas tant influencer votre vie. Pour voir au-delà je vous ai donné deux lignes directrices : l'abandon et la confiance. Abandonner, cela signifie comprendre que vous avez besoin d'aide pour échapper à la peur. Vous ne pouvez pas y arriver seul, sinon vous l'auriez déjà fait. Vous devez apprendre à reculer et à capituler devant Celui qui peut vous montrer la vérité. Vous devez oublier vos idées sur la façon de procéder, et accepter la vision de Celui qui sait déjà.

Quant à la seconde ligne, une fois que vous avez reculé et capitutulé, vous devez avoir confiance et attendre la nouvelle réponse. La confiance chassera les toiles d'araignée que l'obscurité a laissées dans les coins sombres de votre esprit. Plus vous aurez confiance, plus vite vous découvrirez la paix.

Et puis je voudrais vous faire part d'une dernière ligne directrice : la gratitude, qui est à votre éveil ce que le plutonium est à un missile nucléaire. C'est l'étincelle qui enflamme vos sources cachées d'énergie et de Lumière, en vous élevant à des degrés complètement nouveaux de joie et de paix. Vous avez tant de raisons d'être reconnaissant. Vous avez capitulé devant une connaissance et une voie plus profondes, vous avez mis votre confiance dans cette nouvelle vision de la vie, et vous êtes reconnaissant des nouvelles perspectives incroyables qui s'offrent à vous. Votre gratitude vous remplira le cœur comme un ballon, en vous soulevant au-dessus des vieux schémas de pensée qui vous ficelaient littéralement. C'est une expérience naturelle qui marque le début de votre entrée dans une dimension totalement nouvelle de la Lumière. Je ne vous dirai jamais assez à quel point cette dernière ligne directrice est importante.

— Mais de quoi devons-nous être reconnaissants? demandai-je.

— Pour tout, dit-il en se levant et en s'éloignant du feu, soudain plein d'enthousiasme. Vous le serez pour tout. Ce n'est ni un truc, ni un outil psychologique. Lorsque vous vous libérerez de votre peur par l'abandon et la confiance, de merveilleuses vagues de Lumière vous inonderont. Vous vous mettrez à éprouver une joie et une paix plus grandes que ce que vous imaginiez. Elles avaient toujours été là, mais vous aviez peur de regarder. Et maintenant que vous n'avez plus peur, ce que vous voyez vous émerveille. Vous ruisselez de gratitude… comme une orange de jus. Et ce jus est tellement sucré! Vous vous demandez pourquoi vous ne l'avez jamais goûté. C'est parce que vous aviez peur, c'est tout. Peur, si vous goûtiez à trop de joie, de perdre votre moi, ou plutôt la petite idée que vous vous en faisiez. Le fait est que vous n'avez rien perdu. Vous êtes plus, au lieu d'être moins. La vérité qui est en vous ne pouvait être contenue par ces petites idées. Vous êtes comme un verre d'eau qui déborde et se déverse sur un désert desséché. Le désert est sec parce qu'en essayant de contenir l'eau, vous vous la refusiez à vous-même. Mais à présent elle coule et abreuve la création, qui ne peut plus se contenter d'un si petit récipient. »

Il marchait de long en large devant le feu, et agitait les bras tout en parlant :

« Vous êtes l'eau, pas le verre. Ce que vous êtes nourrit l'univers. Vous serez reconnaissant de découvrir la vérité en vous, et puis vous comprendrez que votre seul rôle est de la partager. L'humanité s'est oubliée, et si vous et moi et d'autres, nous nous souvenons de notre véritable identité, et la partageons, le reste de l'humanité va se souvenir. À chaque fois qu'une étincelle de mémoire tombe sur un esprit ouvert, elle envoie un signal à tous les esprits, ce qui crée une ondulation qui traverse tout le réseau de la création et le somme de se réveiller. Chaque créature vivante ressent cette ondulation dans le coin le plus calme et le plus sombre de son cœur. Lorsque de plus en plus d'êtres se souviendront, cela sera comme de lancer une poignée de cailloux dans un lac. Un millier d'ondulations se créeront et feront écho dans le cœur de la création, et dans celui de chacun. Cet écho se transformera en pulsations de batterie qui rappelleront tout le monde à la vie. Et tout cela sera né de la gratitude, Jimmy. Un cœur reconnaissant est la force la plus puissante de l'univers. »

Il était comme un gamin surexcité. Le seul fait de parler de tout cela l'enthousiasmait, et je ressentais la même chose – son humeur débordait sur moi – et me mis à sauter de joie. Un instant plus tard je riais aux éclats.

« C'est fantastique, dis-je, cette gratitude et cette joie, je les sens carrément monter en moi. J'ai l'impression que je vais éclater.

– Allez-y, cria-t-il en levant les bras au ciel. Vous êtes en plein dans cette sensation merveilleuse de l'éveil. Se souvenir de qui l'on est n'est pas un événement sombre et silencieux. C'est comme un courant qui vous traverse de part en part. Affectivement vous le ressentez comme du bonheur et de la joie, spirituellement comme de la paix et de la satisfaction et physiquement comme de l'excitation et de l'enthousiasme sans limites. Votre éveil est une expérience de tout votre être, quelque chose de fort, comme si le soleil explosait. C'est ce qui vous apporte la liberté et la joie. C'est ce que vous êtes, Jimmy. Votre peur vous empêchait de le voir. Pourquoi? Parce que vous craigniez d'éclater, en vivant ce que vous êtes vraiment. Votre ego avait peur de perdre sa capacité d'échange avec le monde. Mais c'est faux. C'est l'ego qui a fait le monde, avec lequel l'esprit ne fait que jouer comme un enfant. L'ego rend tout sérieux et important, alors que l'esprit rit de tout. Quelle vision du monde préférez-vous, celle de l'ego ou celle de l'esprit? Ce que vous éprouvez en ce moment, c'est celle de l'esprit. Si c'est ce que vous désirez, c'est à votre portée. Il n'y a rien à craindre. »

Nous étions là en train de sauter autour du feu dans tous les sens, les bras en l'air, tout en criant et en riant. Et ça m'était complètement égal qu'on nous voie. J'avais la sensation que le barrage venait de sauter. Mon ego avait construit un mur énorme pour retenir la passion et la joie. Ma capitulation l'avait fissuré, ma confiance fendu et ma gratitude fait tomber. L'eau m'envahissait, m'inondait et emportait la peur et l'amertume qui m'avaient immobilisé dans le désert de l'ego. C'était fini. Je savais que je ne pourrais plus jamais reconstruire ce mur. Je me laissais aller et jouissais de chaque instant.

En rentrant à la maison, j'ai rencontré Duro à côté du lieu de méditation. Il m'a fait un signe en souriant, et m'a demandé si je voulais faire une promenade. J'ai accepté, et nous sommes partis vers le champ qui menait à l'entrée de la communauté, dans lequel les soldats étaient entrés la veille. Pendant quelques minutes, nous n'avons pas dit un mot. J'étais frappé par la confiance calme qui émanait de Duro. Quand il parlait, ses phrases étaient précises et claires. Il n'avait rien d'incertain. Nos conversations ne comportaient jamais de ces bavardages futiles qui ne servent qu'à tuer le temps. Si je lui posais une question, il y répondait avec concision et logique. Et quand nous étions silencieux, je sentais un calme vaste et profond, tout autour de nous. Je ne savais pas grand-chose de sa vie, si ce n'est qu'il avait longtemps été médecin avant d'abandonner presque tout pour explorer des méthodes holistiques moins classiques.

C'est ainsi qu'il avait découvert les Émissaires. Il sortait souvent de Rijeka pour chercher des herbes et des plantes rares dans des régions lointaines de Croatie et de Bosnie. Depuis qu'il avait découvert la communauté, il était revenu plusieurs fois avec des provisions et des informations. Lors d'une de ces visites il avait eu une conversation inhabituelle avec un des Émissaires. Celui-ci lui avait dit qu'il devrait bientôt leur apporter un cadeau important, qui permettrait à la communauté d'entamer la phase finale de sa mission, de rendre à l'humanité son pouvoir sur elle-même. La tâche qu'ils avaient remplie depuis des milliers d'années se terminait, non pas parce qu'ils avaient échoué, mais parce que l'humanité était au seuil d'un éveil spirituel absolument différent de tout ce qui s'était passé jusqu'alors. Quand Gordana lui avait montré ma lettre, il avait compris ce que les Émissaires voulaient dire, et que j'étais le cadeau qu'ils attendaient, celui qui allait parler d'eux et de leur œuvre au monde.

Je décidai que si je devais raconter aux gens ce que j'avais vu et vécu, il me fallait en apprendre plus de l'histoire de ce lieu. Mes tentatives précédentes n'avaient pas abouti. Il semblait qu'on m'empêchait délibérément d'en savoir plus sur la communauté que quelques éléments de base. Duro me dit que c'était parce que ces informations ne servaient à rien.

« Vous essayez de comprendre quelque chose qui vous dépasse, dit-il. La roue demeure. Les Émissaires ont toujours existé, mais pas toujours sous leur forme actuelle. Nous ne pouvons en aucune façon comprendre comment ils se déplacent ou comment ils se remplacent. C'est comme si les Émissaires étaient le lien entre le temps et l'éternité. Leur travail consiste à traduire l'illusion en vérité. Comment? Je n'en sais rien. Je connais la Lumière Divine, mais ce qu'il y a en-dessous n'est compris que par eux.

– Comment l'humanité peut-elle reprendre ce rôle s'il est au-delà de notre compréhension? » demandai-je.

Nous arrivions au bout du champ. Duro s'arrêta.

« Il n'y a que la vérité qui existe, dit-il. Lorsque vous aurez compris cela, vous pourrez assumer votre rôle d'Émissaire. Vous ne serez peut-être pas assis dans la roue ou dans un endroit lointain et secret, mais vous les rejoindrez en esprit et dans leur travail. Il en a toujours été ainsi. Les gens que vous voyez ici ne sont pas les seuls Émissaires à répandre la Lumière Divine. Mais le nombre critique est presque atteint. Quand il y aura assez de gens sur la planète pour combler le fossé imaginaire entre la vérité et l'illusion, les Émissaires d'ici n'auront plus de raison d'être. L'humanité mûrit. À un moment donné, un éveil global que vous ne pouvez même pas imaginer s'accomplira. C'est le début d'une nouvelle ère, Jimmy, pour laquelle le monde a été créé, où la paix et l'amour l'emporteront sur les conflits et les haines.

– Cela fait combien de temps que les Émissaires sont ici, en Croatie?

– Presque dix ans.

– Ils l'étaient avant?

– Je ne sais pas. Je n'ai jamais pensé que c'était important. Tout ce que je sais, c'est qu'ils vivent et travaillent dans les régions les plus touchées par la violence. C'est facile de comprendre pourquoi ils sont là. Pendant quatre ans nous avons fait cette terrible guerre. La haine est très profonde. Les Émissaires étaient là, en plein milieu de ce conflit, pour dissoudre cette haine et la remplacer par de l'espoir. Je ne sais pas combien de temps ils vont rester. Cela n'a pas d'importance. Tout est sur le point de changer, c'est clair. Et c'est pour ça que vous êtes là.

– Qu'arrivera-t-il quand ce bond en avant se produira? demandai-je. Où iront-ils?

– Ils ne seront tout simplement plus. Il n'y aura plus de trace de leur existence, comme il n'y en a jamais eu. Mais l'humanité saura, grâce à vous. Le dernier pas sera fait entre l'humanité et les Émissaires, grâce à votre travail. Il est important de révéler leur mission. Quand l'humanité saura ce qu'ils ont fait, elle sera capable d'accepter rapidement son héritage divin. Les Émissaires sont prêts à rendre ce don à l'enfant qui l'ignorait, qui approche l'âge adulte et commence à comprendre la valeur du don de paix. Les Émissaires ont été les gardiens de l'humanité, mais lorsqu'un enfant est mûr, il n'a plus besoin d'être gardé. Le temps de la transmission est venu. »

CHAPITRE DIX

Le don de l'amour

Prière bahaï pour la paix

Sois généreux dans la prospérité,
  et reconnaissant dans l'adversité.
Sois juste dans ton jugement,
  et prudent dans tes paroles.
Sois une lampe pour ceux qui marchent
  dans l'obscurité, et un abri
  pour l'étranger.
Sois des yeux pour l'aveugle, et un phare
  pour ceux qui errent.
Sois un souffle de vie pour le corps
  humain, une rosée pour le sol
  du cœur humain,
  et un fruit pour l'arbre de l'humilité

LES GRAINES DE LA PAIX

L a Croatie est un beau pays. Chaque matin, le soleil se levait au-dessus des arbres et les feuilles humides étincelaient comme des pierres précieuses. Je m'asseyais presque tous les jours à côté de la porte, pendant la séance. Elle était toujours entrouverte, aussi voyais-je le ciel noir devenir gris, orange foncé, puis de plus en plus clair jusqu'à l'embrasement. Quand nous quittions les lieux, le soleil était à son zénith et réchauffait la terre.

Toni et moi étions assis sur un banc pendant le déjeuner. Toujours végétariens, les repas comprenaient normalement une grande variété de légumes, du pain et des fruits. Les femmes préparaient parfois des grosses pâtes cuites dans la soupe ou assaisonnées avec un peu d'huile. Malgré sa simplicité, la nourriture était saine et délicieuse. Les Émissaires considéraient qu'il fallait traiter le corps avec respect, mais sans en faire une obsession. C'est un instrument de communication. Si l'on y fait trop attention, on perd sa véritable fonction de vue. Si on le néglige ou qu'on le maltraite, on oublie que le corps est un cadeau qui nous permet de répandre la Lumière Divine. La vie, dans la communauté des Émissaires, était un équilibre parfait entre les besoins de l'âme et ceux du corps.

Je demandai à Toni s'il était là quand les Serbes de Bosnie avaient attaqué la région quatre ans plus tôt. Il me dit que oui, et qu'il n'était membre de la communauté que depuis un an, et ne s'était pas encore complètement adapté au rythme de vie avec les Émissaires. Un jour toute la communauté avait été convoquée et prévenue que les semaines à venir allaient être très dures. Ils devaient rester silencieux, et ne se parler que lorsque c'était indispensable. Il fallait qu'ils se rechargent d'énergie et conservent leur force. L'assaut eut lieu une semaine plus tard. Il y avait une base militaire à deux kilomètres, et une autre à huit kilomètres à l'est.

« Nous étions en pleine méditation au moment de l'attaque, dit-il. Il était dans les trois heures du matin quand nous avons entendu, juste au-dessus de nous, les roquettes dirigées contre deux villes croates situées à une quinzaine de kilomètres d'ici. Nous passions presque tout notre temps dans le lieu de méditation. Nous mangions très peu et ne parlions pas du tout. C'était très bizarre pour moi qui n'avait pas encore été ici très longtemps. Des hélicoptères survolaient tous les jours la communauté. Les Émissaires quittaient à peine la roue et nous autres restions allongés sur le sol du lieu de méditation. J'étais terrorisé. Je voulais partir et rentrer à Split, mais ne l'ai pas fait. Des quantités de soldats passaient juste à côté de nous. Quelquefois, je les entendais parler pendant qu'ils traversaient les bois. Des semaines plus tard, nous avons su que les Serbes avaient envahi une grande partie de la Croatie. La communauté est au cœur des combats, et cela depuis quatre ans. Mais j'ai vu, exactement comme vous, que nous étions protégés, que tant que nous étions avec les Émissaires, ce qui arrivait autour de nous ne comptait pas.

— Est-ce que quelqu'un d'autre est jamais venu ici? lui demandai-je.

— Uniquement ceux qui sont appelés à jouer un rôle spécifique dans l'œuvre des Émissaires. Duro, par exemple, est très important pour nous. Les Émissaires travaillent beaucoup sur les sphères supérieures de la pensée, et inspirent souvent aux gens de grandes avancées de leur conscience. On pourrait également dire qu'ils sont les représentants incarnés d'un contingent spirituel beaucoup plus vaste, composé d'anges ou de saints. Quel que soit le nom qu'on leur donne, ils œuvrent à la même chose que les Émissaires, mais à des niveaux plus subtils. La frontière entre le physique et le spirituel est réellement très étroite. Les Émissaires sont capables de la traverser à volonté, tout comme les guides angéliques peuvent passer du côté physique.

L'humanité a une vision des choses tellement limitée. Nous avons tendance à tout juger en fonction de l'apparence. C'est pour ça que nous nous trompons si souvent. L'apparence extérieure n'est qu'une minuscule portion du tableau. C'est comme si nous essayions de comprendre un roman en n'en lisant qu'une page. Les hypothèses que nous émettrions sur le restant du livre ne pourraient être que fausses. Les Émissaires, conjointement à d'autres guides, poussent l'humanité à abandonner sa perspective limitée et à voir la réalité différemment. »

Je retournai voir le Maître à l'heure habituelle, cet après-midi-là. Je voulais lui poser une question qui me travaillait depuis plusieurs jours. L'étrange sensation de protection, au sein de tant de violence, me faisait penser à une autre ville de Bosnie, Medjugorje, qui vivait le même phénomène. Je savais que cette ville où beaucoup pensaient que Marie, la mère de Jésus, apparaissait depuis près de quinze ans, n'était pas loin. En 1981, avant que la Bosnie et la Croatie se soient déclarées indépendantes de la Yougoslavie, six enfants avaient raconté qu'ils l'avaient vue sur une colline en bordure de la ville. On disait qu'elle avait donné un message de paix et était apparue tous les jours à ces enfants en demandant aux gens de prier et de se fier à Dieu. Elle avait prédit qu'une grande guerre allait déchirer la région, ainsi que beaucoup d'autres choses qui s'étaient déjà réalisées. Des millions de gens avaient afflué vers la petite ville, même lorsque les bombes explosaient tout autour.

Encore plus croyaient très fort en ces apparitions. L'Église et les autorités nationales avaient tenté de discréditer les enfants des années durant. Personne n'avait réussi.

Un mois avant mon départ des États-Unis, j'avais plusieurs concerts à Minneapolis. Toute ma famille vit dans les environs et je devais dormir, comme d'habitude, chez mes parents. Un jour je partis voir l'église catholique où je devais me produire cet automne. Je me rappelais père Mahon de l'époque où je fréquentais le lycée Edina tout proche. Il me fit entrer dans son bureau pour parler du concert. Je ne sais comment, la conversation en arriva à Medjugorje. Il y avait guidé plusieurs pèlerinages et connaissait au moins l'un des visionnaires. Le plus âgé du groupe, qui avait dix-sept ans au début des apparitions, avait épousé une Américaine de Boston. Père Mahon me raconta qu'ils vivaient maintenant en Nouvelle-Angleterre et attendaient la naissance de leur premier enfant. Je lui parlai de mon désir d'aller en Bosnie, et il me donna leur numéro de téléphone, au cas où ils pourraient m'aider.

En rentrant à Boston, je les appelai pour apprendre qu'ils étaient partis. Mais l'histoire continuait à m'intriguer. Ma mère croyait très fort aux apparitions et avait un jour discrètement glissé un livre sur Medjugorje dans ma valise. Elle pensait sans doute que je m'étais écarté du droit chemin et que seule la Sainte Vierge pouvait encore me sauver. J'avais toujours profondément aimé Marie et bien que ma route semblât s'éloigner du catholicisme classique, ma dévotion et mon amour étaient toujours bien là.

Lorsque j'arrivai à la cabane, le feu flambait bien fort et le Maître était à sa place habituelle. Je m'assis en face de lui.

« Je n'ai pas de programme précis. Si vous avez quelque chose à me demander, c'est le bon jour. »

Je n'étais même plus surpris de ses dons métapsychiques.

« Parlez-moi de Medjugorje, dis-je. Il semblerait que la Sainte Vierge y soit apparue pendant des années. Je trouve intéressant que cela ait eu lieu si près des Émissaires. »

Il esquissa un sourire que je ne lui avais jamais vu.

« Que voulez-vous savoir? demanda-t-il. Vous voulez que je vous dise si elle y est vraiment? Peut-être que vous voulez entendre que non. Ou peut-être que vous voulez savoir s'il y a un rapport entre elle et nous.

– Je ne sais pas ce que je veux entendre. J'aimerais simplement savoir ce que vous en pensez.

– D'accord. Premièrement, Marie apparaît vraiment à Medjugorje. Vous êtes content? Les enfants ne sont pas fous, et ce ne sont pas des menteurs. Mais les choses ne sont jamais ce qu'elles ont l'air d'être. Que savez-vous du message de Marie? Réalisez-vous qu'elle dit fondamentalement les mêmes choses que moi?... Peut-être pas de la même manière, mais c'est le même message. Elle demande aux gens de se détourner du conflit et d'aller vers la paix. Elle insiste sur le besoin de se tourner vers Dieu, de se rendre et de se fier à lui. Et elle nous demande d'être reconnaissants de ce que Dieu nous donne, le bonheur, l'amour, la joie, et de les prodiguer nous aussi, pour pouvoir les vivre pleinement. Elle se sert d'autres mots, d'un langage plus catholique, mais elle dit la même chose.

– Mais elle parle également de sacrifice et de péché, contrairement à vous.

– Là, vous me posez une autre question : est-ce que le phénomène qu'ont vécu les enfants représente toute la vérité? Pour le savoir, il faut comprendre un peu plus comment la révélation divine fonctionne. Quand je dis que Marie apparaît à Medjugorje, je veux dire que les enfants sont témoins d'une révélation divine. Ces révélations peuvent prendre plusieurs formes. Elles peuvent être aussi subtiles qu'une idée inspirée par un beau coucher de soleil, ou aussi spectaculaires qu'une apparition. Le but de toute révélation divine est d'induire la paix. Tout ce que Marie a dit à Medjugorje concerne la paix, et c'est pourquoi j'ai dit que c'était réel. Si son message avait parlé de vengeance ou de jardins de roses, j'aurais dit que ça ne l'était pas. Mais cela ne prouve toujours pas que les enfants vivent toute la vérité.

Les enfants de Medjugorje entendent un message de vérité, mais ils ne comprennent cette vérité que dans le cadre limité de leurs conceptions. Nos convictions sont comme des filtres, que nous mettons entre nous et la vérité. La vérité est comme un rayon de lumière qui traverse le filtre et prend la couleur de ce filtre. Si nous tenons un filtre bleu, la lumière devient bleue. C'est toujours le même rayon lumineux, mais sa couleur a été altérée par nos convictions. Nos croyances religieuses sont un des filtres que nous utilisons pour comprendre la vérité. Les enfants de Medjugorje sont catholiques. Je suis sûr qu'ils ont reçu une bonne éducation catholique. Ils savent réciter leur chapelet et dire leur « Je vous salue Marie ». Est-ce donc surprenant que la Vierge Marie soit l'expression de la révélation divine dont ils sont témoins, et que le message qu'ils entendent soit franchement catholique? Et s'ils étaient musulmans? Vous pensez que c'est Marie qui leur apparaîtrait, ou quelqu'un de plus proche d'eux comme Mahomet, par exemple? »

Je me souvenais d'un pèlerinage à Fatima, au Portugal, que j'avais fait à l'âge de seize ans. C'était le site d'une autre célèbre apparition de la Vierge, en 1917, devant trois enfants. J'assistais à un office de plein air avec plus de huit cent mille personnes qui agitaient toutes des mouchoirs blancs pendant qu'une statue de Marie était transportée à travers la foule. Bien qu'ému par la dévotion générale, j'étais troublé par la façon dont beaucoup de gens utilisaient le phénomène pour aggraver les conflits entre religions. L'authenticité de la foi catholique était en grande partie fondée sur le fait que Marie n'apparaissait qu'aux catholiques. En grandissant j'avais appris que les apparitions étaient communes à de nombreuses religions, mais seulement de saints ou de prophètes reconnus par chaque confession spécifique.

« Maintenant, cette explication n'entend pas nier ou limiter les apparitions, mais les comprendre, continua le Maître. Comme je l'ai déjà dit, le fait qu'elles insistent sur la paix et l'harmonie prouve qu'elles sont réelles. Il y a un incontestable soulèvement de l'inspiration divine à Medjugorje, comme il y en a une ici-même. La mission des Émissaires est intimement liée à Medjugorje. La plupart des apparitions de la Vierge Marie depuis cent ans ont eu lieu dans des zones de conflits graves, comme la présence des Émissaires. Marie est apparue à trois enfants à Fatima, par exemple, pendant la Première Guerre mondiale. Mais ce ne sont pas les seuls cas de révélation divine, et ils n'impliquaient pas tous Marie. Beaucoup d'autres gens ont vécu un phénomène similaire, mais au sein de leurs propres traditions. »

Je me levai et le suivis :

« Donc vous dites que le fait que ce soit Marie, un ange ou Bouddha qui apparaisse n'a pas d'importance. La révélation est un don que nous recevons et interprétons en fonction de nos croyances particulières.

– Bravo, Jimmy. Votre esprit est en train de s'ouvrir. C'est exactement ce que je dis. Comme je vous l'ai tant de fois répété, il n'y a pas de séparation, rien en dehors de votre esprit. Vous ne pouvez voir que ce que vous vous autorisez à voir. Les enfants de Medjugorje seraient incapables d'entendre le message de quelqu'un en qui ils ne croient pas. Imaginez une apparition de Krishna, sur cette colline, au lieu de la Sainte Vierge. Ils n'auraient vu qu'un homme violet, c'est tout. Mais déplacez cette vision en Inde, devant six enfants hindous; leur réaction serait tout à fait différente. C'est la même révélation, avec un messager différent.

– Si vous demandiez à ma mère, elle vous dirait que la révélation divine n'arrive qu'aux catholiques, dis-je.

– C'est le filtre à travers lequel votre mère voit les choses. Si elle croit qu'elle est la seule à avoir raison, et que les gens de foi différente ne peuvent avoir une expérience de Dieu aussi valable qu'elle, elle limite sa propre expérience. C'est le problème avec les concepts, ils ont toujours une limite. Le but ultime, et c'est ce que vous apprenez ici, est de ne plus avoir de limites. Et cela se fait en renonçant à tous vos concepts. Lorsque vous n'utiliserez plus de symboles pour voir Dieu, vous le verrez directement, comme la réalité au-delà des symboles et des concepts. C'est le refus de porter des jugements, qui existe dans toutes les religions et traditions et par lequel elles s'unifient et ne deviennent qu'une. »

Son explication était parfaitement claire. D'une certaine manière, il comblait le fossé que je ressentais entre mon éducation et ce que je croyais aujourd'hui. J'avais tant d'amis qui se considéraient comme des « catholiques sortis d'affaire. » Je n'avais pas cette sensation, pour ma part, parce que j'étais capable de glisser sur les aspects négatifs du catholicisme pour en voir la beauté et la profondeur. Pourtant, le message de l'Église tournait encore souvent autour de la culpabilité, du péché et de la punition. Tout ce que j'étais en train de vivre me montrait quelque chose de différent, un Dieu de pardon, et non de punition.

Nous avons terminé tard ce jour-là. J'avais l'impression que ces cours allaient bientôt prendre fin. Qu'allait-il se passer ensuite? À quoi me préparait-on? Qu'allais-je faire de tout ce qu'il m'enseignait? J'avais encore tant de questions et d'incertitudes. Même si j'avais appris énormément de choses en une semaine, je sentais que j'avais encore beaucoup de chemin à faire. Je vis Nadina en rentrant à la maison. Elle était assise près d'une mare, les yeux perdus dans le lointain. Elle sourit et me fit signe de venir m'asseoir à côté d'elle.

« C'est tellement calme, ici, dit-elle. Je ne comprends pas ce qui se passe, mais je suis en train de changer, je le sens. J'étais tellement anxieuse, avant, rien n'allait bien et j'étais mécontente de ma vie. Maintenant je réalise que je n'ai pas besoin de quitter Rijeka pour être heureuse. Je peux l'être là où je suis. »

Je lui pris la main :

« Vous savez, Nadina, j'ai souvent eu envie de vous prendre la main comme ça, mais pour une raison ou une autre je ne l'ai jamais fait. »

Elle leva les yeux vers moi en souriant.

« Pourquoi pas?

— Je ne sais pas. Quelque part, je voulais éprouver toutes ces sensations romantiques, mais par ailleurs je savais que c'était parfait comme c'était. J'ai beaucoup appris depuis que je suis ici, entre autre que l'amour n'est pas seulement une question de romantisme et de désir. C'est donner à quelqu'un ce dont il a besoin, pas seulement faire ce que l'on veut. Vous et moi, nous avons déjà été présents l'un pour l'autre de plein de manières, et je suppose que cela en dit plus sur l'amour que quoi que ce soit d'autre. Nous aurions certainement pu beaucoup nous amuser à Zagreb, mais ensuite nous nous serions sentis mal à l'aise, loin l'un de l'autre, et rien de tout cela ne serait arrivé. Je crois que je préfère. »

Elle se pencha et m'embrassa la joue.

« Je suis heureuse que soyez là. Peut-être que je ne vais pas partir d'ici, dit-elle en souriant.

– Que voulez-vous dire? demandai-je. Que feriez-vous si vous restiez?

– Je ne sais pas, mais j'y pense. J'ai passé beaucoup de temps avec les femmes d'ici. C'est agréable de les aider. Je rentrerai probablement à Rijeka, mais c'est très tentant de rester.

– Avez-vous entendu parler d'une date de retour? lui demandai-je.

– Je pensais que c'est vous qui sauriez, dit-elle, puisque vous êtes la raison de notre présence.

– J'ai l'impression que cela ne va plus être long. On dirait que les cours sont presque finis et le Maître a hâte de me faire commencer ma fameuse mission. Mais je ne suis pas sûr que ce soit le moment de partir. Et si nous tombons en pleine bataille? Si l'offensive croate a commencé, il doit y avoir des soldats partout. C'est peut-être dangereux.

– Ce sera toujours dangereux, dit-elle. La guerre ne va pas se terminer en une semaine. Nous devons faire confiance aux Émissaires. Regardez ce qui s'est passé avant-hier. J'étais certaine que nous allions mourir, mais les soldats ne nous ont même pas vus. S'ils sont capables de ça, ils peuvent nous faire rentrer à Rijeka entiers.

– Vous viendrez avec nous quand nous partirons?

– On verra. Je suis venue pour une bonne raison. Nous avons tous reçu un immense cadeau. Il n'y a que très peu de gens au monde qui connaissent l'existence de cet endroit. Je n'imagine pas comment ça sera après, mais c'est très excitant. Venez, rentrons.

– Avant d'y aller, je voudrais que vous fassiez quelque chose pour moi.

– Quoi? demanda-t-elle.

– Imaginez un fruit, celui que vous voulez. »

Elle me tapa le bras et se leva pour que nous partions.

Snjezana, Gordana et Duro était déjà rentrés. Il était presque six heures, et il faudrait bientôt que j'aille me coucher. Mais j'avais besoin de me rapprocher de tous les autres, comme si notre voyage allait se terminer rapidement et que nous devions en quelque sorte conclure cette aventure. Comme Nadina, les autres avaient changé. Il était impossible d'être près des Émissaires sans être transformé par leur énergie. Je comprenais pourquoi Nadina voulait rester, et me demandais si les autres ressentaient la même chose.

« S'il n'y avait pas mon fils, je resterais, dit Gordana. Il a besoin de moi et je sais que la question n'est pas d'être ici physiquement. Je peux emmener cette Lumière avec moi, où que j'aille. Mais si je pouvais, je resterais. Pourquoi pas? L'œuvre des Émissaires est peut-être la plus importante du monde. Pourtant tout est calme, isolé. Leur travail se fait en secret, sans éloges ni prestige. Les gens ne savent même pas qu'ils sont là. Ils vivent leur vie, sans jamais savoir qui les nourrit, comme des enfants qui n'apprécient jamais à sa juste mesure ce que leurs parents ont donné pour les élever. Le monde ne saura peut-être jamais ce que les Émissaires ont fait, et c'est bien. C'est pourquoi j'aime ces gens : ils pratiquent la forme la plus pure d'amour inconditionnel que j'aie jamais vue.

– Moi, je ne resterais pas, même si je n'avais pas ma fille, dit Snjezana. Le monde est prêt à être autonome et je veux participer à ce processus. J'ai l'impression que nous sommes des sages-femmes qui aident une nouvelle humanité à naître. Je veux la regarder grandir, et voir ce qui va se passer. Il va y avoir des douleurs de croissance et des traumatismes, mais si les choses se passent comme je l'imagine, cela va être passionnant. Je crois que je vais enseigner ce que j'ai appris ici. Jimmy va rentrer aux États-Unis, et moi rester en Croatie pour répandre la Lumière et apporter la paix. »

Duro ne dit rien. Il était évident qu'il faisait déjà exactement ce qu'il était censé faire. Il était à mi-chemin entre le monde et les Émissaires. Il œuvrait tranquillement à les rapprocher en observant les changements et les développements. Il m'avait trouvé et amené vers eux. Je ne comprenais toujours pas comment, mais c'était arrivé. Je pensais être là pour une chose, mais cette chose avait évolué et suivi son propre cours. Je faisais effectivement ce que j'avais résolu de faire, j'apportais la paix. Grâce à Duro, j'accomplissais cette tâche par des voies que je n'aurais jamais imaginées.

Nous avons parlé pendant plus d'une heure. Il y avait de l'achèvement dans l'air et j'étais sûr que nous partirions bientôt. Le Maître me manquerait. Plus qu'un guide, c'était mon sauveur. C'était lui et les autres Émissaires qui nous sauvaient depuis des siècles. Je savais qu'ils seraient avec moi et me montreraient le chemin, à mon retour aux États-Unis. J'avais encore des doutes, mais aussi la certitude de recevoir tout ce dont j'aurais besoin. La distance ne comptait pas. Ils seraient toujours avec moi, affectivement et spirituellement. Le voyage ne faisait que commencer.

Cette nuit-là, je fis des rêves décousus et troublants. Malgré tout le bonheur que je partageais avec mes amis, j'étais encore obsédé par mes peurs. J'étais seul, isolé et ridicule, dans mon rêve. J'essayais de parler mais personne ne m'écoutait. Tous ceux que je connaissais me tournaient le dos et m'abandonnaient. Je courais dans une forêt comme si on m'avait poursuivi, puis je me cachais dans un placard. Rien n'avait de sens. Je me tournai et me retournai toute la nuit, tout en errant d'une image effrayante à une autre.

Je ne réussis pas à me concentrer le lendemain matin, pendant la séance. Les mêmes interrogations et les mêmes soucis étaient revenus, sur le fait d'avoir été choisi pour cette soi-disant mission. En plus je me demandais si je n'avais pas été piégé. Je commençais à en avoir assez de mes changements d'humeur. Dès que j'étais sûr du bien-fondé de ma tâche, la peur me guettait au tournant. J'avais passé la soirée à m'extasier avec mes amis de tout ce que nous avions reçu, et me retrouvais à nouveau complètement dérouté. J'avais peur de la responsabilité qui m'incombait, de l'énergie que je ressentais, de tout. Pendant un moment, je sentis que si j'avais su où nous étions, je serais probablement parti. Mais c'était impossible. Même si je m'étais souvenu du chemin du retour, c'était bien trop dangereux. Je ne pouvais qu'attendre. Quand j'arrivai à la cabane, un peu plus tard, le Maître était assis à sa place. Je sentis son regard. Je n'avais aucun moyen de cacher mes sentiments. Je m'assis sur la bûche, en face de lui.

« Allez-y, dites-le, dis-je sans le regarder.

— Que voulez-vous que je dise? demanda-t-il.

— Vous savez toujours ce que je pense avant que je ne parle. C'est un de vos trucs, non? Ça veut dire que vous savez combien je suis troublé. Je me rends compte que ça n'a aucun sens. Je n'ai aucune raison logique de penser que vous m'avez fourvoyé ou menti. Je suppose que j'ai tout simplement peur.

— Que voulez-vous y faire?

— Je voudrais partir mais c'est impossible.

— Vous pouvez le faire quand vous voulez, dit-il. Vous n'êtes pas prisonnier. Si vous le désirez, je demanderai à Duro de se préparer à partir immédiatement.

— Et les soldats? Et si les combats ne sont pas terminés?

— Je ne m'inquiéterais pas pour ça, si j'étais vous. Duro sait ce qu'il fait. Je suis sûr que vous réussirez à vous faufiler juste à côté d'eux sans encombre.

— Et les autres? Peut-être qu'ils ne sont pas encore prêts à partir, eux.

— Vous êtes sûr que vous voulez partir? demanda-t-il en souriant. Pour quelqu'un qui cherche à s'en aller, vous en trouvez, de bonnes raisons de rester! »

Je respirai profondément.

« Je ne sais pas ce que je veux. Je ne veux pas vraiment partir. Bien sûr que je crois tout ce que vous m'avez appris. Mais j'ai peur de ce qui va arriver. Tout ça est très radical, pas seulement la question des Émissaires, mais tout ce que vous m'avez appris. Ça va à l'encontre de tout ce que le monde croit.

— Alors, qu'est-ce que vous voulez vraiment, Jimmy?

— Je veux arrêter d'avoir peur. Je veux apprendre ces choses pour pouvoir les comprendre moi-même. Vous me dites tout le temps qu'il s'agit de se débarrasser de la peur. Comment suis-je censé enseigner ce que je n'arrive pas à mettre en pratique?

— D'accord, essayons quelque chose tout de suite. Fermez les yeux et respirez à fond. Vous voulez nommer votre peur aussi précisément que possible. Soyez concis, dites juste ce qui vous fait peur là, maintenant. »

Je pensai à ce qu'il disait. Il y avait tant de choses qui tourbillonnaient dans ma tête que c'était difficile de les réduire à une seule.

« J'ai peur que les gens pensent que je suis fou, dis-je enfin.

— Que les gens pensent que vous êtes fou à cause de quoi?

— Si je leur parle des Émissaires.

— D'accord, c'est bon. Maintenant gardez cette pensée en tête et oubliez tous vos autres sujets d'inquiétude. Concentrez-vous sur cette idée. Déterminez la partie du corps dans laquelle vous la sentez. Ensuite, imaginez que cette peur est une boule d'énergie. Si elle est dans le ventre, imaginez une boule d'énergie à cet endroit. Faites-le de la manière la plus naturelle pour vous. Si vous avez surtout une mémoire visuelle, essayez de voir la couleur et la taille de la boule. Si vous êtes plutôt sensible au toucher, sentez-en la forme et la texture. Maintenant laissez tomber la pensée qui vous a fait peur. Laissez couler cette inquiétude d'être ridicule. Oubliez tout ça et laissez la peur seule dans son coin. Regardez-la sans la manipuler. Regardez ce qu'elle fait, comment elle bouge et réagit. Ne lui donnez pas d'idée à laquelle s'accrocher. C'est ce qui l'alimente. Laissez-la simplement se dissoudre d'elle-même. Si vous voulez, vous pouvez la déplacer vers votre poitrine et imaginer une porte dans votre cœur, comme les autres fois. Ou vous pouvez la laisser s'évanouir. Sans la pensée qui l'a créée, la peur disparaît toute seule. Vous n'avez pas besoin de lutter ou de vous débattre avec elle. Laissez-la simplement partir.

Maintenant, si vous le désirez, remplacez la peur par quelque chose d'autre : la sensation d'être accepté, compris et apprécié. C'est ce que vous voulez vraiment, non? Laissez cette nouvelle sensation pénétrer votre corps et voyez où elle se met. Dans votre cœur ou dans votre tête? Maintenant, concentrez-vous sur cette nouvelle sensation. Acceptez-la de tout votre être, accueillez-la, demandez-lui de guérir les blessures causées par la peur. Ne la jugez pas. Laissez-la juste venir et s'installer. Puis ouvrez les yeux. »

J'étais stupéfait que cet exercice marche si bien. Même si j'en avais encore quelques traces, la peur qui me paralysait était partie.

« Comme je vous l'ai déjà dit, l'énergie, c'est l'énergie, dit le Maître. Quand vous abandonnez vos jugements et abordez vos émotions comme de l'énergie, elles sont beaucoup plus faciles à libérer et à traiter. Le plus important, c'est de se souvenir que l'énergie doit pouvoir bouger. Si on la garde en soi, elle grandit et attire encore plus la peur. Une idée effrayante mène à une autre, et en moins de temps qu'il ne faut pour le dire vous êtes devant un gros écheveau de négativité qu'il aurait été simple de supprimer si vous y aviez prêté attention tout de suite. Ne redoutez pas votre peur. La recette, pour rester clair, consiste à laisser l'énergie bouger. Ne lui donnez pas l'occasion de stagner. »

Il se leva et m'invita à le suivre :

« Venez, allons nous promener. »

Nous avons pris le chemin vers le reste de la communauté. Les autres bâtiments étaient à sept ou huit minutes, et je me suis demandé si c'était là que nous allions. Nous sommes passés à côté d'une femme qui jardinait. Elle nous a souri et fait un signe de la main. Nous avons dépassé le lieu de méditation, puis continué vers la maison des assistants. Toni était assis près de la porte et Duro coupait du bois. Ils n'avaient pas l'air surpris de nous voir. Cela m'a étonné parce qu'on m'avait dit que le Maître n'avait jamais de rapport avec les autres. Je pensais qu'ils auraient réagi à sa visite, comme si c'était un honneur. J'ai compris que tout en honorant le Maître et les autres Émissaires, ils ne les traitaient pas comme des gourous ou des saints. Les Émissaires enseignent l'égalité, quels que soient la fonction ou le travail des uns et des autres. Le fait de mettre qui que ce soit sur un piédestal crée une division, qui mène à la peur.

Nous sommes entrés dans la maison, dans laquelle trois assistants s'affairaient. Ils nous ont souri et dit bonjour. Le Maître leur a demandé quelque chose en croate, un café, je suppose. L'un d'eux a fait bouillir de l'eau et le Maître m'a fait asseoir à la table. Il a sorti une chaise et s'est mis en face de moi. Très vite, plusieurs autres sont arrivés et ont été invités à nous rejoindre. Le Maître a demandé à un des assistants d'aller chercher les autres. Nadina, Snjezana et Gordana sont entrées avec les autres femmes. Quelques instants plus tard, les assistants, les femmes et mes amis étaient tous là, à part les douze autres Émissaires. Quand tout le monde a eu une tasse de café ou de thé à la main, le Maître a commencé.

« C'est un jour capital, commença-t-il en s'arrêtant après une phrase ou deux pour permettre à Toni de traduire en croate. Depuis plusieurs jours j'enseigne à Jimmy ce qui fait notre vie. Il a participé à nos séances de méditation quotidiennes et a vécu le don de la Lumière Divine. Il a appris la relation entre la simplicité, la patience et la compassion, et comment les intégrer à sa vie. Il a appris à renoncer, à faire confiance et à être reconnaissant de ce que la création nous a donné. Et il vient d'apprendre à affronter sa propre peur, à l'observer et à la laisser partir, et même à répandre la Lumière Divine. Il ne me reste qu'un cours à lui donner, auquel je voulais que vous assistiez vous aussi, et sans lequel les autres n'ont pas de sens.

Il porte sur le vrai sens de l'amour. J'ai déjà dit que la peur était le blocage que nous nous imposions devant la présence de l'amour. Lorsque la peur est enfin abandonnée, l'amour se révèle. Pourtant la véritable expérience de l'amour est au-delà de tout ce que vous pouvez imaginer, au-delà de l'idée de l'amour. Elle dépasse toutes les images et tous les symboles que vous vous êtes créés de l'obscur appel de l'amour. Mais elle est plus proche que vous ne croyez, plus proche que votre souffle ou même que le murmure silencieux du désir d'amour. Quel est le secret que l'amour a chuchoté à vos oreilles mi-closes, l'écho lointain qui vous a tellement hantés? Seulement que vous êtes l'essence-même de l'amour. En cet instant précis, tels que vous êtes, malgré toutes vos idées préconçues de vous-mêmes, l'amour vous sollicite et vous accepte.

Vous avez oublié qui vous êtes parce que, dans votre peur de perdre l'amour, vous avez refusé votre véritable fondement. L'amour est de par sa nature un don distribué librement. Néanmoins, on ne le reconnaît que lorsqu'il est dispensé par quelqu'un d'autre. On ne le vit pleinement que lorsqu'il passe d'un cœur à un autre. Quand on le refuse, on l'oublie, et comme vous et l'amour sont nés ensemble, vous vous oubliez en même temps. Il reste caché en vous en plus du souvenir, encore oublié, de votre Moi le plus vrai. Il dort et rêve, mais attend l'aube où l'on appellera et où il sera ramené à la vie. Et l'éveil de l'amour est également le vôtre, ils sont intimement liés et rattachés au don total de ce que vous êtes : la conscience de la présence de l'amour. Mais cet éveil demande que vous renonciez à toutes les barrières que vous aviez mises à l'amour. Vous ne pouvez dessiner le chemin de l'amour, mais si vous vous soumettez à la vision plus authentique de l'amour, c'est lui qui vous guidera en vous donnant une nouvelle vision de vous-mêmes.

L'amour véritable, inconditionnel, ne se rend pas compte des exigences bizarres que vous imposez à vos relations. L'amour est le même pour tous. Vos tentatives de réserver votre amour à des personnes spécifiques et de le refuser à d'autres est précisément ce qui vous a empêchés de voir la présence de l'amour. Donnez comme l'amour donne, comme le soleil donne sa lumière à tous ceux qui en veulent, ou le moineau qui ne chante pas pour celui qui écoute mais pour chanter. Quand vous donnez de l'amour, l'amour est votre récompense. Quand vous jugez certaines personnes dignes de votre amour et d'autres non, c'est vous qui êtes indignes. Pas parce que vous avez été jugés par l'amour mais parce que vous avez oublié sa loi.

Vous êtes, par essence, une fontaine d'amour inconditionnel. L'eau que vous donnez rafraîchit tout l'univers, parce que vous n'êtes pas séparés d'une seule partie de l'univers, mais entièrement liés à tout. Donnez donc votre amour librement. Laissez-le couler et inonder tous ceux que vous voyez, tous ceux qui croisent votre chemin.

N'imaginez pas que vous ne pourrez plus vous impliquer dans certaines relations privilégiées. L'implication n'a rien à voir avec l'amour. Il y aura toujours dans votre vie des gens avec lesquels vous partagerez le niveau le plus profond de vos pensées, et d'autres pas. Mais l'amour que vous donnez est le même pour tous. Ce n'est que la reconnaissance de la vie dans laquelle vous renaissez continuellement.

L'amour est un savoir, une pure compréhension, qui sait que toute chose est complète, quelle que soit son apparence, et il se donne totalement, sans juger, sans voir la différence entre telle ou telle relation. Il comprend qu'il n'y a qu'une vraie relation : celle que nous partageons, le Moi au-delà de l'idée d'amour, la rencontre sainte entre deux vies. Le secret de l'amour inconditionnel est que nous sommes tous semblables et complètement saints. C'est ce que l'abandon de la peur révèle. C'est ce que vous recherchez tous, et c'est ce que vous trouverez en ouvrant votre cœur à tous les éléments de la création.

Nous sommes restés très longtemps assis sans dire un mot. Le silence était écrasant. J'ai regardé le Maître et ai cru voir un changement en lui. Son visage s'est mis à rayonner, j'en suis sûr. La Lumière se répandait tout autour de lui, puis nous a tous englobés, engloutis. Je ne peux en donner une description parce que c'était au-delà de l'entendement humain. Quelques femmes et quelques assistants se sont levés de leur chaise. L'un deux s'est mis à sauter en l'air, un autre à rire aux éclats. En peu de temps nous étions tous en train de rire, de danser, de bouger avec l'énergie et de partager la Lumière. Je ne pouvais plus faire la différence entre moi et les autres. À ce moment-là j'ai tout compris. J'étais le Maître. J'étais la Lumière. Je nageais dans l'océan de la similitude et savais que je n'en partirais plus.

CHAPITRE ONZE

La fuite

Prière sikh pour la paix

Dieu nous accorde,
selon nos actes,
non selon le manteau que nous portons :
cette Vérité est au-dessus de tout,
mais une vie sincère est encore plus haut.
Sache que nous atteignons Dieu en aimant,
et que seule cette victoire
tolère des conséquences
où personne n'est battu.

LES GRAINES DE LA PAIX

Quelque chose avait changé, je ne savais pas exactement quoi, mais j'étais sûr qu'il s'agissait d'un tournant capital.

Je me réveillai à l'heure normale et me mis en chemin. J'arrivai tôt pour la première fois. Il n'y avait que trois assistants en tout. Les Émissaires n'étaient pas encore là. Quelques instants plus tard ils entrèrent en file indienne, dans l'ordre habituel. Le Maître était le dernier. Ils entourèrent la roue. Au fur et à mesure, chacun trouvait sa place et s'immobilisait. Le Maître entra jusqu'au centre et ils s'assirent tous à l'unisson. Les cloches sonnèrent et la méditation commença. Je regrettai de ne pas avoir posé plus de questions sur la roue au Maître. Ses symboles et sa signification sont restés des mystères pour moi. Ce que je savais, c'est que c'était le seul élément qui reliait ce groupe d'Émissaires à ceux d'avant. Elle avait toujours été là. Ses figures avaient une signification profonde qui la rendait intemporelle.

Toute la nuit je ressentis des choses entièrement nouvelles. J'avais l'esprit clair et une sensation étrange dans le cœur et dans la tête, comme s'ils vibraient. C'était une impression puissante qui m'empêcha d'abord de me concentrer. Elle dura environ une demi-heure, puis s'arrêta. J'entrai dans une méditation profonde. Elle revint. Je vibrais à une allure incroyable. Quand j'ouvrais les yeux, cela continuait et me troublait même la vue. Ce n'était pas une sensation désagréable, j'essayai donc de me détendre. Une autre demi-heure s'écoula, et elle disparut de nouveau.

À chaque fois que je m'arrêtais, j'arrivais à méditer encore plus profondément. Mon esprit sombrait dans un silence absolu. J'étais conscient de ce qui m'entourait, mais reposais dans un lieu si vaste et si complet que j'avais l'impression de ne pas être là du tout. Puis les vibrations recommencèrent, plus fort que je ne pouvais le supporter cette fois-ci. J'avais des pulsations dans tout le corps, mais à une telle vitesse que je ne pouvais plus bouger. Il fallait que je me lève. Il me semblait que j'allais exploser si ça ne s'arrêtait pas tout de suite. J'ouvris les yeux et vis quelque chose d'étonnant.

Des lumières vives jaillissaient des Émissaires : des rayons étroits, brillants et intenses, chacun d'une couleur différente. On aurait dit que la lumière provenait de leur cœur. Les faisceaux convergeaient, le long des rayons de la roue, vers là où était assis le Maître. Les différentes couleurs se mélangeaient en lui, puis montaient du sommet de son crâne vers la lucarne. En sortant de sa tête, la lumière était d'un blanc éclatant. J'étais complètement abasourdi. Je ne voulais qu'une chose : regarder cet extraordinaire courant d'énergie. Je bougeais la tête d'avant en arrière, mais cela ne changeait rien. C'était comme si j'étais enfin capable de voir quelque chose qui avait toujours été là.

J'appris plus tard que c'était le vrai travail des Émissaires, en train de répandre la Lumière Divine, que j'avais devant les yeux. Autour du cercle, ils représentaient les douze aspects de l'humanité, auxquels correspondait la couleur que chacun projetait. Les couleurs tournaient le long des symboles de la roue et se chargeaient de force mystique. Lorsqu'elles atteignaient le centre de la roue, le Maître attirait chaque rayon, les assemblait et n'en faisait qu'un. Cela purifiait la Lumière et la rendait blanche.

La Lumière était ensuite projetée vers le monde, exactement comme on me l'avait dit. C'était elle qui empêchait l'humanité d'oublier complètement la vérité. C'était cette énergie qui effaçait les effets de millions de pensées négatives et poussait l'humanité à évoluer et à se souvenir de la Divinité.

Assis, je regardais les Lumières. Depuis ce moment-là je peux les voir dès que je veux. C'était une manifestation éclatante : de temps en temps un des Émissaires perdait un peu d'énergie et sa Lumière faiblissait légèrement. Quand cela se produisait l'un des assistants projetait un rayon de lumière vers lui, ce qui le rechargeait. C'était apparemment la tâche principale des assistants. Les vibrations continuaient, mais à un rythme supportable. J'étais beaucoup trop excité par ce que je voyais pour penser à quelque chose d'autre. À six heures mes amis nous rejoignirent. Je me demandai s'ils voyaient eux aussi la Lumière, mais compris enfin que c'était une partie de ce à quoi le Maître m'avait préparé. Il avait dit que lorsque j'aurais assimilé tous les cours, ce genre de choses arriveraient d'elles-mêmes.

Presque à la fin de la méditation la Lumière s'arrêta soudain. Un instant plus tard j'entendis l'habituel « Ne cherchez point la paix en ce lieu, mais partout. » Puis la psalmodie finale commença et la séance se termina. Les Émissaires se levèrent. Chacun d'entre eux me sourit en passant à côté de moi, à part le Maître. C'était comme si nous n'avions pas fini. Il y avait encore quelque chose que lui et moi devions faire. Je ne savais pas si je devais aller le retrouver ou pas. J'espérais que les cours n'étaient pas terminés parce j'avais encore beaucoup de questions à lui poser. Je quittai la pièce en dernier et marchai seul au soleil.

Ce jour-là, nous avons déjeuné chez les assistants. C'était un de mes moments préférés, j'adorais parler avec eux. Chacun des assistants avait une histoire très spéciale qui expliquait pourquoi il avait été appelé par les Émissaires. Ils étaient là, pour la plupart, depuis plusieurs années. Contrairement aux Émissaires, ils ne s'engageaient pas à vie dans la communauté. Ils y restaient quelques années puis reprenaient leur vie habituelle, ce qui signifiait souvent qu'ils continuaient l'œuvre des Émissaires dans le monde, en devenant enseignant ou guide spirituel. Ils ne révélaient pas le secret de l'existence de la communauté, mais apprenaient aux gens à comprendre la Lumière Divine pour accélérer l'évolution de l'humanité.

Toni entra juste à la fin du repas. Il demanda à Duro, Snjezana, Gordana et moi de le suivre dans une autre pièce, dont il referma la porte sur nous.

« On m'a dit de vous aider à vos préparatifs de départ, dit-il. Il faut que vous vous y mettiez vite pour arriver à la voiture avant la tombée de la nuit.

— Pourquoi partons-nous maintenant? demandai-je. Je n'ai pas fini d'étudier...

— Vous avez appris tout ce dont vous avez besoin pour l'instant, continua Toni. Vos cours ne se sont pas arrêtés, ils se sont transformés. Si vous ne partez pas aujourd'hui, ce sera difficile de vous faire passer à travers les soldats. La région est en branle-bas de combat et le danger est partout, mais nous devons absolument essayer. Je suis sûr que vous allez vous en sortir. »

Nous nous sommes dirigés vers notre maison et avons fait nos sacs. Les autres assistants et les femmes sont venus nous dire au revoir. J'étais triste de partir si vite, surtout après ce qui m'était arrivé à la séance de ce matin-là. Nous nous sommes embrassés et avons pris la route sans tarder. Ni les Émissaires, ni le Maître ne nous a salués ou accompagnés.

Les collines étaient calmes au début. Les tirs de roquettes avaient eu lieu trois jours plus tôt et je me demandais si l'offensive croate avait pris fin. C'était dur de croire que tout était terminé, aussi vite que cela avait commencé, sans drame, sans émotion, sans possibilité de dire au revoir. Est-ce que je pourrais revenir un jour? Je savais seulement que nous étions près de la frontière bosniaque, rien de plus. Je ne serais jamais capable d'y retourner seul.

Nous avons fait une pause vers quatre heures et demie. Duro a dit que nous étions encore à deux heures de la voiture et qu'il valait mieux ne pas s'attarder.

Nadina s'est assise à côté de moi.

« Pourquoi n'êtes-vous pas restée? lui ai-je demandé.

— Parce que je ne suis pas censée le faire, a-t-elle dit. Je ne sais pas encore où je dois être, mais quand cela arrivera, je le saurai. C'est ce que j'ai appris. Le bonheur n'est pas une chose qui m'arrive, mais que je fais arriver. Peu importe où je serai, il y aura toujours des occasions. Pour l'instant je vais retourner à mon service téléphonique d'urgence. Peut-être qu'un jour j'irai aux États-Unis ou au Canada. Ça ne m'obsède plus. »

Comme l'avait dit le Maître, nous étions tous venus pour une raison différente. Ma présence avait peut-être eu le plus d'importance, mais il était clair que Nadina, Snjezana et Gordana avaient beaucoup évolué. Elles étaient toutes plus sûres d'elles. Nadina avait également changé d'expression, et n'avait plus l'air fatigué et frustré de la victime chassée de chez elle *manu militari* et forcée de vivre dans un pays qui n'en voulait même pas. Elle était maintenant chez elle intérieurement. La présence des Émissaires nous avait fait un bien immense.

Duro s'est levé comme s'il avait entendu un bruit. Il nous a fait taire. J'ai cru entendre des moteurs, au loin. Il nous a fait signe de nous aplatir au sol. Nous avons attendu de voir si le bruit s'approchait de nous. J'ai entendu les moteurs s'arrêter et tout est redevenu silencieux pendant un moment. Nous ne bougions pas. J'avais plus peur que le jour où les soldats avaient failli nous voir, chez les Émissaires. À ce moment-là, même quand ils marchaient droit sur nous, je savais que tout irait bien. Là, c'était différent. Nous n'étions plus sous la protection de la communauté. Nous étions seuls dans une zone bourrée de militaires. Même Duro avait l'air effrayé.

Nous avons entendu des voix qui semblaient venir dans notre direction. Duro s'est mis debout et a dit que nous devions partir immédiatement. Nous avons attrapé nos affaires et nous sommes mis à courir dans les bois. Les voix étaient derrière nous. J'ai entendu quelqu'un crier en croate. On aurait dit qu'on nous suivait. Gordana n'avait pas de bonnes chaussures et avait du mal à suivre. Nous étions obligés de ralentir pour ne pas la perdre. Les voix se rapprochaient. Je transpirais de tout mon être et mon cœur battait à toute allure. Duro regardait sans arrêt derrière nous, mais la forêt était dense et on ne pouvait rien voir à travers les arbres. Je savais qu'il ne pouvait pas nous faire disparaître, comme les Émissaires ; notre seule chance était donc de distancer ceux qui nous suivaient, mais sans beaucoup d'espoir. J'entendais des piétinements et des voix slaves à une centaine de mètres.

Nous sommes arrivés sur un sentier. Snjezana a pris Gordana par le bras et l'a aidée à courir. Un instant plus tard le chemin se divisait en deux. Duro s'est arrêté, l'a regardé et s'est retourné. Ils n'étaient pas loin. Il n'y avait pas de temps à perdre. Duro nous a dit de descendre dans un ravin et de nous cacher derrière un gros rocher, tout en bas. Nadina, Gordana et moi avons commencé la descente raide, et Snjezana est restée en arrière pendant que Duro lui donnait les clés de la voiture. Quand elle s'est mise elle aussi à descendre, Duro est resté seul en haut pour vérifier que tout allait bien pour nous. Je me demandais ce qu'il faisait. Avait-il l'intention de nous laisser là et de continuer à fuir? Il a pris le sentier de droite et nous sommes restés seuls.

Que faisait-il? J'ai pensé qu'il devait essayer de les entraîner loin de nous. Snjezana m'a dit de m'accroupir derrière le rocher et de rester immobile. Je me suis appuyé le visage contre la pierre et me suis agenouillé. C'était à peine assez grand pour nous cacher tous les quatre. Nous étions agglutinés les uns sur les autres, nous tremblions tous de peur. Deux minutes plus tard, trois soldats sont arrivés en courant, se sont arrêtés à la fourche pour écouter. Je respirais à peine, pendant qu'ils se demandaient quelle direction prendre. Ils ont pris à droite, comme Duro.

Nous avons attendu cinq minutes pour être sûrs qu'ils soient partis. Snjezana a dit qu'en prenant le sentier de gauche, nous arriverions à la voiture. Duro était seul. Il s'était sacrifié pour nous. Nous avons suivi ce chemin pendant deux heures et sommes arrivés au champ. La voiture était derrière la grange, là où nous l'avions laissée. Personne n'avait ouvert la bouche depuis que Duro nous avait quittés. Nous avions trop peur. Nous nous sommes assis et sommes partis vers Rijeka.

Je dormais quand nous nous sommes arrêtés devant l'appartement de Nadina. Il était déjà minuit. Les Émissaires allaient commencer leur méditation. Snjezana et Gordana sont entrées avec nous. Nous avions très peu parlé, surtout de Duro, pendant le trajet. Je ne savais pas quoi faire. Nous nous sommes assis dans le salon.

« Il faut nous occuper de Duro, dis-je. D'où étaient ces soldats?

— Je ne sais pas, me dit Snjezana. Je ne peux pas le dire, ils étaient trop loin. Mais on ne peut rien faire. Duro est obligé de se débrouiller. Il est très intelligent, j'espère qu'il s'en sortira. Nous sommes sains et saufs, c'est ce qui compte le plus. Nous devons décider quoi faire de vous, Jimmy. Avant de partir, Duro m'a dit que nous devions vous faire rentrer aux États-Unis tout de suite, que ce serait dangereux ici, pour vous. Vous avez été absent pendant une semaine et le gouvernement va vouloir savoir où vous êtes allé. Je pense que mon amie Sonja va vous donner l'argent du billet.

— Je ne comprends pas, dis-je. Comment pourrais-je être en danger?

— Demain, il faut que vous alliez à Zagreb et que vous partiez, continua-t-elle. J'appellerai Sonja demain matin. Elle nous fournira un billet. Et nous vous ferons prendre l'autocar. »

Snjezana me prit la main et se mit à pleurer :

« Vous allez me manquer énormément, mais c'est comme ça.

— À moi aussi, dit Gordana. Mais je sais que ce n'est pas fini. Dès que nous vous avons vu, nous avons su que vous feriez toujours partie de notre vie. Quand la guerre sera terminée, peut-être que nous viendrons en Amérique. Mais maintenant vous devez partir pour achever ce qui a été commencé. Nous vous avons aidé de toutes nos forces.

— Nous viendrons vous chercher demain matin, dit Snjezana. Gordana pourra téléphoner à la gare routière et moi, je vous prendrai un billet d'avion. On va tous essayer de dormir un peu.

Snjezana et Gordana partirent et je me retrouvai seul avec Nadina. Sa mère et son frère dormaient. Elle mit de l'eau à bouillir pour faire un thé.

« Quelles vacances! lui dis-je.

— Oui. Quand je m'ennuierai, je vous téléphonerai et vous reviendrez. Il se passe des choses, quand vous êtes là.

— Nadina, vous croyez que je suis prêt? »

Elle s'assit auprès de moi.

« Vous êtes venu faire de la musique, et regardez ce qui s'est passé. Rien de tout ça n'aurait pu arriver si vous n'aviez pas été prêt. Vous devez avoir confiance en vous. Ne vous inquiétez pas, vous saurez quoi faire. Quand vous rentrerez chez vous, les gens qui seront en mesure de vous aider se présenteront d'eux-mêmes. Tout ceci est réel. Les Émissaires existent. Nous avons tous de la chance d'être partie prenante de cette histoire. »

Nous avons bu notre thé et nous sommes couchés. Je savais qu'elle avait raison. Les Émissaires étaient réels. Je n'aurais jamais pu inventer une histoire pareille. Je ne savais pas encore comment accomplir ce que j'étais censé accomplir, mais je savais que cela se ferait d'une manière ou d'une autre. Je savais aussi que le Maître était encore avec moi. C'est pour cela qu'il ne m'avait pas dit au revoir. Le fait de quitter la Croatie ne changeait rien. Que je sois prêt ou pas, tout ce à quoi il m'avait préparé était sur le point d'arriver.

Snjezana et Gordana ont sonné chez Nadina à sept heures du matin. Elles m'avaient réservé un aller simple pour Chicago. Le prochain car partait une heure plus tard. La mère de Nadina nous a préparé un petit déjeuner, et nous nous sommes détendus pendant quelques minutes. Personne n'aurait pu deviner, en nous écoutant bavarder ce matin-là, que nous avions vécu tant de choses en dix jours. J'étais content de passer quelques bons moments avec mes amies avant le départ. Nous avons bu notre café et petit-déjeuné, et puis tout le monde est venu m'accompagner à la gare.

Nous étions en train de franchir la porte lorsque le téléphone a sonné. C'était Duro. Il était chez lui, hors de danger. Les soldats qui nous avaient poursuivis étaient croates. Ils l'avaient rattrapé, il avait dit qu'il était médecin, et ramassait des herbes. Ils l'avaient emmené au quartier général, questionné et relâché. Je ne lui ai pas parlé longtemps. Je voulais le remercier de la confiance qu'il m'avait accordée. Et puis Snjezana a dit que nous devions partir.

Je n'arrivais pas à croire que je m'en allais. J'étais si proche de ces gens et nous avions vécu tant de choses ensemble. Je savais que ce n'était pas la fin, mais le début d'une très longue histoire. Je suis resté à la porte du car le plus longtemps possible. Le conducteur a fini par dire que c'était l'heure de démarrer. Nous pleurions tous les quatre. Je suis monté et l'autocar est parti. Elles m'ont fait des grands signes d'adieu jusqu'au moment où nous ne nous sommes plus vus.

À Chicago, une longue vague de chaleur touchait à sa fin. Mon avion atterrit à l'heure et je passai rapidement la douane. J'étais dans une espèce de brouillard en cette journée de retour. Tout s'était passé si vite que je ne m'étais pas encore réadapté à mon rythme normal. En plus du décalage horaire, il fallait que je me remette de la différence d'énergie entre la communauté et le monde courant. Je n'avais pas eu une seule occasion de me reposer depuis que j'avais quitté les Émissaires. Après avoir été poursuivi par des soldats, j'avais dû me précipiter sans transition dans un avion pour éviter les éventuels soupçons du gouvernement croate. La majeure partie de mes affaires m'attendait encore en Italie, puisque j'avais d'abord projeté d'y retourner pour un mois. Dès que j'avais mis le pied en Croatie, les choses avaient cessé de se dérouler comme prévu.

Un de mes meilleurs amis, Arthur, était censé venir me chercher à l'aéroport. Je lui avais laissé un message de Zagreb, mais ne savais évidemment pas s'il l'avait reçu ni s'il était disponible. J'attendis à la porte des arrivées internationales pendant vingt minutes. Il n'était pas là. Mais cela ne voulait pas dire qu'il ne viendrait pas, étant donné qu'il était rarement à l'heure. Dix minutes plus tard, Arthur arriva. Il sortit de sa voiture, mit ma guitare et mon sac à dos dans le coffre et me serra dans ses bras. Cela faisait des mois que je n'étais pas venu à Chicago et j'avais hâte de voir ma fille. Arthur m'hébergeait généralement dans son loft du centre-ville. Il était tard et nous n'avions pas dîné ni l'un ni l'autre. Nous nous sommes trouvé un petit restaurant.

Pendant tout le voyage de retour j'avais ressassé ce que j'allais faire en premier. À qui et quoi raconter? Ce n'était pas facile. Je savais que je pouvais faire confiance à Arthur. C'était une des premières personnes qui m'avaient fait connaître *Le Traité des miracles*, et nous avions aussi animé quelques ateliers ensemble. Je commandai un café.

« Il m'est arrivé des choses assez incroyables en Croatie, » dis-je avant de m'arrêter.

Il sourit :

« Ah oui, comme quoi?

– C'est une longue histoire. Tu permets que je te pose une question? Est-ce que tu croies possible qu'il existe une société secrète qui empêche le monde de se détruire? Je veux dire, imagine un groupe de gens, pas tout le temps les mêmes, mais une communauté de gens qui pratiquent un certain type de transmission d'énergie depuis des milliers d'années. C'est une société secrète parce que leur œuvre exige qu'ils vivent complètement retirés du monde. La communauté se déplace toutes les quelques années vers l'endroit le plus touché par la violence. Quand cela se produit, un nouveau groupe apparaît, qui fait le même travail et suit la même tradition. Ils pratiquent un genre de méditation spéciale qui neutralise largement l'énergie négative du monde, en la remplaçant par ce qu'ils appellent la Lumière Divine. Qu'est-ce que tu en dis? »

J'avais l'impression d'avoir détruit tout ce que je venais d'apprendre. Je n'aurais pas pu donner une description plus ridicule, même si je l'avais voulu. Arthur se mit à rire.

« Je n'en sais rien, dit-il. Tout est possible.

— Ne ris pas, parce que je viens de passer deux semaines dans un de ces endroits. »

Je continuai à lui parler des Émissaires et de mon séjour dans la communauté. Il écouta attentivement, sachant que je n'inventerais pas ce genre d'histoire. À la fin, il avait l'air calme et compréhensif.

« Alors, qu'est-ce que tu vas faire? demanda-t-il.

— Tu me crois?

— Bien sûr que je te crois, dit-il en souriant.

— Mais tu ne penses pas que c'est complètement cinglé? Je veux dire, moi si quelqu'un me racontait ce style d'histoire, je penserais qu'il est soit fou, soit... je sais pas, fou!

— Pourquoi me mentirais-tu? Tu n'as aucune raison de sortir d'un avion et d'inventer un truc aussi peu banal que ça.

— Mais tu penses tout de même que c'est fantastique, et que ça a un sens.

— Disons que non, ça n'a *pas* de sens. Mais qui peut dire comment ces choses-là fonctionnent? Tu sais aussi bien que moi que l'Esprit suit des voies mystérieuses. je me demande parfois ce qui maintient tout en place. Ça doit être la réponse. Et maintenant, qu'est ce que tu vas faire?

— Je n'en ai pas la moindre idée, lui dis-je. Le Maître m'a dit que, le temps venu, je le saurai. C'est que le moment n'est pas encore venu. Est-ce que je devrais donner des séminaires, envoyer des lettres à tous les magazines?

— Pourquoi n'écrirais-tu pas un autre livre?

— Parce que je ne le fais plus. Je suis musicien, pas écrivain. Mon premier livre n'a mené à rien. C'était super, mais il faut que je trouve un autre moyen de faire connaître les Émissaires au monde entier. C'est une responsabilité immense. Je ne sais pas pourquoi, mais le fait est qu'ils m'ont choisi. »

Nos plats sont arrivés et la conversation a pris un autre tour. Puis nous avons repris la voiture jusqu'au loft. J'étais épuisé. J'avais envie de parler encore mais n'en étais plus capable. Je me suis endormi dès que j'ai posé ma tête sur l'oreiller.

Le lendemain matin j'ai pris le métro aérien pour aller à Evanston chercher ma fille, Angela, que je n'avais pas vue depuis avril. C'était pour ça que j'étais rentré à Chicago et non à Boston. En plus, ce serait agréable de se détendre avant de reprendre ma vie agitée, en Nouvelle-Angleterre. J'ai retrouvé Angela au YMCA (Association des jeunes chrétiens, NDLT) où elle était en centre aéré. Mon ex-femme, Linda, travaillant dans une agence de voyages dans le même quartier, nous avons décidé d'aller la voir.

Quand nous sommes arrivés au bureau, j'ai attendu dans la rue qu'Angela ressorte avec Linda. J'avais oublié de la prévenir qu'on m'avait défié, en Croatie, de me raser la tête. Je n'ai de ma vie refusé de relever un défi raisonnable, et Linda n'a jamais pu comprendre pourquoi. Sa réaction m'a dissuadé de lui raconter mon histoire. J'ai également décidé de n'en parler à personne d'autre tant que je ne serai pas un peu plus clair. Après notre visite à Linda, j'ai passé toute la journée à me balader en ville avec Angela. C'était exactement ce qu'il me fallait. Elle a passé la semaine avec moi chez Arthur. Au moment de repartir pour Boston, j'étais un peu plus lucide, mais encore loin de savoir quoi faire.

Je passai les deux mois suivants chez des amis de Boston. J'avais quitté mon appartement un mois avant ma tournée européenne et n'était pas en position d'en chercher un autre, ni mentalement ni financièrement. J'avais aussi perdu toute envie de chercher à programmer des concerts. Bien que ma tournée en Europe eût été très réussie, j'avais gagné à peine assez pour couvrir mes frais de voyage. Ma seule manière de gagner ma vie était de faire de la musique, mais j'étais écrasé à la pensée de tout le travail que cela demandait. Je n'avais d'énergie pour rien. J'errais dans la ville, désœuvré. Je dépensai très vite le peu d'argent que j'avais économisé et arrêtai de payer la pension alimentaire de ma fille. Ne sachant plus quoi faire dans la vie, j'étais paralysé. Et n'ayant parlé des Émissaires à personne, je ne savais pas à qui m'adresser.

J'étais très déprimé. Un ami qui vivait sur une île de la côte du Maine proposa de me loger pendant un certain temps. C'était le parfait refuge. J'en avais assez de Boston et la mer me manquait. Je faisais le tour de l'île tous les jours, en espérant qu'une vague allait m'apporter une bouteille contenant la réponse à tous mes problèmes. Je commençais à penser que les Émissaires avaient fait une terrible erreur. Je n'étais peut-être pas celui qui transmettrait leur message au monde. Il valait peut-être mieux que j'oublie tout ça.

Plusieurs semaines passèrent. J'avais perdu la plupart de mes amis de vue et ne m'intéressais plus à grand-chose. La promenade autour de l'île commençait à me lasser. Quand je jouais de la guitare, ma musique était vide et molle. J'essayai d'oublier tout ce qui m'était arrivé, et réussis presque à me convaincre que ce n'était pas arrivé tout court. Ou que j'avais été victime d'un coup monté. Ces gens n'étaient peut-être que des rêveurs fous qui vivaient dans les bois en se donnant des grands airs. J'avais vu ce que j'avais bien voulu voir, et il était grand temps d'oublier ces sornettes et de reprendre ma vie. Je ne pouvais pas laisser cette folie me détruire.

Et puis, une nuit, je fis un rêve. J'étais soudain juste à côté du lieu de méditation. Il faisait grand jour et je me demandais si la méditation était en cours. Je rentrai. Aucun des Émissaires n'était assis autour de la roue. Je cherchai les assistants, puis mes amis. Il n'y avait personne. Je regardai alors au centre. Le Maître y était assis et m'observait. Il me fit signe de venir à lui. J'enjambai les symboles et m'assis.

«Êtes-vous prêt? demanda-t-il.

— Si vous me demandez si je suis prêt à commencer, je vous répondrai que j'ai dépassé ce stade. Je traîne depuis des mois dans l'attente d'un signe. J'ai pratiquement laissé tomber. Pourquoi ne pouvez-vous pas simplement me dire comment je suis censé agir? Vous savez sûrement ce qui doit être fait.

— Il n'y a que vous qui puissiez décider, dit-il calmement. Cela dépend de vous. Vous êtes tellement doué, Jimmy. La façon de faire n'a pas d'importance. Il suffit de commencer.

— Je ne sais pas si j'en suis capable. J'ai presque oublié tout ce que vous m'avez appris. Et par contre je n'ai pas assez d'énergie pour quoi que ce soit d'autre. J'ai l'impression d'être coincé entre deux chaises et de ne pas pouvoir bouger. Je ne trouve la paix nulle part, que je sois en Croatie, à Chicago ou à Boston. Où que j'aille, je suis dans la confusion la plus totale.

— Ne recherchez pas la paix ici, Jimmy. Mais trouvez-la partout. »

Je levai les yeux vers lui.

« Qu'avez-vous dit? C'est le message télépathique que vous m'envoyiez toujours à la fin de la séance 'Ne cherchez point la paix en ce lieu, mais partout.' Vous m'aviez dit que vous m'expliqueriez sa signification, mais vous ne l'avez jamais fait.

— Vous n'étiez pas prêt, dit-il. Quand vous étiez ici, vous pensiez que notre œuvre consistait à apporter la paix au monde. Vous perceviez le monde comme violent et essayiez d'imaginer ce qui le rendrait pacifique. Ce n'est pas du tout ce que font les Émissaires.

Nous ne percevons pas ce monde comme violent. C'est bien simple. Nous voyons un monde qui vit dans l'illusion de la violence, et nous projetons la vérité, un vécu de paix qui n'a pas de contraire. C'est le choix que l'humanité n'a pas été capable de faire pour elle-même. *Notre mission n'est pas d'apporter la paix là où elle n'est pas, mais de révéler la paix là où elle est cachée.* Autrement dit, la paix est tout ce qui est réel. Même quand la violence semble exister, même quand la guerre et l'injustice persistent, les Émissaires projettent la vision de la vérité qui ne reconnaît qu'elle-même. C'est comme ça que nous sauvons le monde, en maintenant une vision qu'il a peur d'avoir, la seule réelle, l'idée que le monde est déjà guéri, déjà complet, et déjà sauvé. »

Le Maître se leva et m'invita à le suivre jusqu'à la porte. C'était une belle journée, exactement comme l'été dernier. J'étais debout près de lui, sur le seuil, et regardais dehors.

« La paix durable ne viendra jamais dans un monde qui pense avoir le choix entre la paix et la guerre. Le seul choix que vous ayez jamais à faire se situe entre la vérité et l'illusion. Lorsque vous optez pour la vérité, vous découvrez que la paix est toujours là, que vous soyez conscient de sa présence ou pas. Lorsque vous optez pour l'illusion, c'est comme si vous refusiez de voir ce qui est droit devant vous. Et c'est cela, se réveiller du rêve de la séparation. C'est comme d'ouvrir les yeux. La réalité n'a jamais été compromise par votre rêve. Elle est restée entière et inchangée pendant que vous fabriquiez votre propre monde, où la haine et la peur semblaient avoir un sens.

'Ne cherchez point la paix en ce lieu' veut dire qu'il ne faut pas essayer de réparer un monde né de l'idée de conflit. Voyez au delà de cette vision du monde. Cherchez la paix là où elle est vraiment, en vous. Ensuite transmettez cette paix où que vous soyez à tous ceux que vous rencontrez. Alors, le monde né du conflit changera de lui-même. Il se mettra à être le reflet de votre nouveau choix de voir la paix là où elle est vraiment. Autrement dit, ne cherchez pas la paix ailleurs qu'en vous. C'est le plus sûr moyen de ne jamais la trouver. Le monde et tout ce qu'il comporte semblent être 'dehors'. Entrez en vous, vers vos pensées et vos désirs les plus profonds. Cherchez ce qui, dans votre esprit, vous empêche de vivre la paix. Quand vous aurez découvert ces blocages et les aurez dissous dans l'amour, vous trouverez la paix, d'abord mentalement, puis dans le monde.

Ne croyez pas ceux qui vous disent de changer le monde. Il est clair que ces tentatives n'ont toujours eu, au mieux, que des résultats temporaires. Changez la vision de votre esprit sur le monde. Voyez-le comme une extension de votre esprit. Trouvez la paix et l'amour en vous, et cela rejaillira automatiquement sur le monde. »

Il sortit de la pièce. Je le suivis.

« La seconde partie, 'mais trouvez-la partout', fait référence à ce changement. C'est le miracle de l'illumination. Quand vous cherchez la paix là où elle est, dedans, vous la trouvez partout, même dans le monde. Quand vous la cherchez là où elle n'est pas, dehors, vous ne la trouvez nulle part. Quand vous trouvez la paix en vous, vous voyez la vérité. Les conflits peuvent encore avoir l'air d'exister, mais vous voyez au-delà. C'est le rôle de tout Émissaire de la Lumière. En vivant la paix comme seule réalité véritable, nous la voyons partout, même là où les conflits et la guerre semblent régner. Puis nous transmettons cette vision à l'humanité, en gardant en vie l'étincelle qui se souvient de la vérité. Nous n'essayons pas de mettre fin aux guerres, mais de dissoudre les idées fausses qui provoquent la guerre. Nous voyons la paix même lorsqu'elle est cachée sous des siècles de haine et de peur. En vivant la réalité de la paix, nous agissons sur la non-réalité du conflit. C'est comme ça que les Émissaires guérissent le monde. »

Nous sommes partis vers la cabane du Maître. Mon rêve était totalement réel, c'était comme si j'étais vraiment revenu en Croatie. Nous avons longé les potagers et les cabanes des autres Émissaires. Je me demandais où tous les autres étaient passés. C'était bizarre de voir la communauté si tranquille. Nous sommes arrivés à la cabane, où le feu flambait comme à l'accoutumée, et nous sommes assis à nos places habituelles.

« Voir la paix partout, c'est l'apogée de tout ce que je vous ai enseigné, Jimmy. Quand vous aurez compris que seule la vision divine de l'humanité est réelle, il vous sera facile de voir au-delà des illusions et de transmettre la vérité. La paix est partout. Vous pouvez choisir de la voir, ou bien de voir la violence, mais cela ne change rien à la vérité. Votre rôle est de guérir les gens à l'aide de la vérité. Arrêtez d'essayer d'apporter la paix à la guerre. Apportez la paix à la paix, et c'est alors que vous saurez ce que vous devez faire.

Je vous ai dit de découvrir les gens derrière leur masque, vous vous rappelez? Nos masques sont nos façons de cacher qui nous sommes vraiment. On ne peut soigner un masque, alors qu'on peut soigner ce qui est derrière. Comment? En voyant simplement que le visage caché par le masque est déjà parfait, déjà guéri. Soigner consiste juste à aider les gens à retirer leur masque et à leur montrer qui ils sont vraiment. C'est comme d'apporter la paix au monde. La violence et le conflit sont les masques que le monde porte pour ne pas voir la paix qui règne sous la surface des choses. Vous guérirez le monde en enlevant son masque, et en lui montrant la réalité magnifique et inchangée. »

La psalmodie avait enfin un sens. Je comprenais tout. C'était la clé de tous les cours. La Paix de Dieu est la seule chose réelle. C'est le fondement de la vérité. À cet instant, je sus exactement quoi faire. C'était tellement simple, je n'arrivais pas à comprendre ma résistance. La réponse était tout autour de moi, elle me murmurait la solution évidente à l'oreille. J'avais pris une décision avant même d'avoir rencontré les Émissaires, et je tenais à la respecter. Il fut soudain clair que c'était ce que je voulais vraiment.

« C'est cela, me dit-il. Si je vous avais dit quoi faire, vous m'auriez dit ce que vous disiez tout le temps. Faites ce que vous avez à faire et les gens qui vous aideront se présenteront d'eux-mêmes. L'humanité est prête à recevoir ce message, Jimmy. Elle vous croira, je vous assure. Elle veut croire aux Émissaires de la Lumière. Le monde attend depuis longtemps que des gens disent la vérité, qu'ils ont toujours sentie en eux mais ne pouvaient tout à fait reconnaître. Dites-leur ce que les Émissaires ont fait pour eux. Mais surtout, expliquez-leur ce que vous avez appris, qu'ils sont prêts à faire un pas, différent mais si petit qu'on le remarquera à peine. Pourtant, ce minuscule pas est un bond au-dessus des conflits et de la peur qui ont si longtemps semblé réels. L'humanité est prête, mais elle doit croire qu'elle est prête. C'est votre mission de lui annoncer qu'elle l'est. Et même quand il n'y aura plus besoin des Émissaires, je serai toujours là pour vous aider. Je suis en vous, là où j'ai toujours été. Vous saurez quoi faire. Vous avez toujours su. Maintenant, allez-y! »

Tout à coup je fus seul. Je me réveillai et m'assis dans mon lit. Je me souvins avoir pensé que mes cours n'étaient pas terminés, sentant qu'il y manquait une pièce. Mais il avait fallu que j'arrive au bout du rouleau pour comprendre. Je savais quoi faire. C'était évident à présent. Et je savais qu'il n'y avait pas de temps à perdre. Je me levai, allumai la lampe et m'assit au bureau. Je pris une feuille blanche et écrivis ces deux lignes :

L'Émissaire de la Lumière
de James F. Twyman

Les gens me croiront, pensai-je. Ils me croiront parce qu'ils en ont besoin. Il était minuit. J'écrivis sans m'arrêter pendant douze heures.

CHAPITRE DOUZE

L'histoire n'a pas de fin

Prière chrétienne pour la paix

Que soient bénis les ARTISANS DE LA PAIX,
    car ils seront reconnus
    comme les Enfants de Dieu.
Mais je dis à ceux qui entendent, aimez vos ennemis,
    faites du bien à ceux qui vous haïssent,
    bénissez ceux qui vous maudissent,
    et priez pour ceux qui vous maltraitent.
À ceux qui vous frappent la joue,
    tendez l'autre,
    et à ceux qui prennent votre cape,
    ne refusez pas votre manteau.
Donnez à tous ceux qui mendient,
    et à ceux qui emportent vos biens,
    ne les redemandez pas.
Et ce que vous voudriez que les autres vous fassent,
    faites-le-leur.

LES GRAINES DE LA PAIX

U ne bonne histoire n'a jamais de fin. Je pensais que cette histoire était terminée. De fait, j'avais écrit tout un livre, trouvé un agent littéraire, vendu le manuscrit et revu le texte quand j'ai entendu une sorte de voix qui me disait que l'histoire n'était pas finie. Cela a commencé lentement, comme un faible bourdonnement au fond de moi, mais plus j'approchais de la fin du livre, plus il s'amplifiait. Pendant que je terminais de taper les derniers mots du chapitre précédent, c'était comme des battements de tambour très forts que je ne pouvais plus ignorer. Arrêtez les rotatives! Il manque la fin!

Je croyais dur comme fer à mon livre et décidai qu'il serait plus facile de le publier si je rentrais à Boston. Je voulais le faire lire à plusieurs personnes, en lesquelles j'avais confiance et qui seraient réceptives. L'une d'entre elles était David, l'ami qui avait déclenché toute cette aventure en me donnant les douze prières de la paix, presque deux ans plus tôt. Quand je lui dis le nom de la communauté, il me parla d'une de ses amies, Bianca, qui était membre d'une communauté spirituelle au nom similaire, les Émissaires de la Lumière Divine, et me donna son numéro de téléphone.

Bianca accepta de prendre un café avec moi à Quincy, une petite ville proche de Boston. C'était deux jours avant la Noël 1995. Je lui parlai des Émissaires, du Maître, de tout ce qu'il m'avait enseigné, de la roue de Lumière et des douze heures de méditation quotidiennes pour la paix. Elle en resta bouche bée.

« Vous ne pouvez imaginer combien les choses que vous venez de décrire ressemblent aux activités des Émissaires de la Lumière Divine, dit-elle. Il doit y avoir un rapport entre les deux groupes. »

Nous avons décidé de faire un tour à *Infinity*, une librairie voisine, pour nous renseigner sur les maisons d'édition spécialisées dans les livres comme le mien. Il y avait des livres mystiques, *New Age*, des manuels de vie pratique marginale, et des récits d'aventures comprenant des messages spirituels, mais rien de comparable à ce que j'avais vécu en Croatie et en Bosnie. Bianca a sorti un volume qu'elle venait de lire, *Magic at Our Hand* de Nancy Rose Exeter, elle aussi Émissaire de la Lumière Divine.

« Voilà, c'est le genre de maison qui devrait publier votre livre, dit-elle. J'ai une drôle d'impression. »

Nous parlions à côté des caisses quand j'ai remarqué, derrière, une femme qui nous observait. J'ai supposé que c'était la propriétaire du magasin.

« Vous avez écrit un livre? » m'a-t-elle finalement demandé.

Je me suis approché du comptoir :

« Oui. J'ai passé l'été en Croatie et en Bosnie et ai vécu des choses étonnantes. Je cherche un agent littéraire. Est-ce-que vous en connaîtriez un?

– Il se trouve que oui, dit-elle. J'ai une amie, Sandy Satterwhite, qui est agent. Un instant, je vais aller chercher son numéro dans l'arrière-boutique. Au fait, je m'appelle Kathy. »

Elle m'a serré la main et est partie dans le bureau. Bianca et moi avons échangé un regard.

« J'ai un bon feeling, disait-elle sans arrêt. Ce livre va sortir sans problèmes et sans efforts. »

J'ai attendu le lendemain de Noël pour appeler Sandy, et ai pris soin de ne pas trop lui en dire au téléphone :

« J'ai été invité à donner des concerts pour la paix l'été dernier en Croatie et en Bosnie. On m'a emmené dans la montagne, où j'ai vécu quelque chose d'incroyable. J'aimerais savoir si vous pouvez me donner rendez-vous cet après-midi pour que je vous raconte toute l'histoire. »

Nous nous sommes rencontrés le jour même à trois heures. En entrant dans le café, j'ai vu une petite femme blonde et souriante qui avait l'air d'attendre quelqu'un. Après les premières phrases de politesse, je lui ai raconté mon histoire. Elle était plus qu'intéressée. En fait, elle était presque aussi enthousiaste que moi : elle a annulé ses rendez-vous du jour et est rentrée chez elle pour lire mon manuscrit. Vers neuf heures du soir, elle m'a appelé.

« Bonsoir, Jimmy, c'est Sandy. J'ai de bonnes nouvelles : pendant que je lisais, j'ai tout d'un coup repensé à une maison d'édition californienne, qui serait parfaite. Je connais bien les deux patrons et, vous n'allez pas le croire, ce sont des Émissaires de la Lumière Divine. Bref, je leur ai téléphoné, et Brenda était encore au bureau. Je lui ai un peu parlé de votre histoire, ça l'a passionnée.

– Comment s'appelle cette maison d'édition? ai-je demandé.

– Aslan. Les éditions Aslan. »

Ce nom me disait quelque chose, mais je ne me rappelai plus d'où. Et puis cela m'est revenu :

« Ils n'ont pas publié un livre de Nancy Rose Exeter qui s'appelait *Magic at Our Hand*?

– Si, exactement. »

C'est là que j'ai enfin cru tout ce que le Maître m'avait dit. Tout était effectivement digne de foi.

« Brenda veut que je lui envoie le manuscrit cette nuit par coursier. Et à sa façon de parler, je pense qu'ils vont l'acheter. »

Une semaine plus tard c'était fait. En moins d'un mois j'avais donc écrit le livre, trouvé un agent et un éditeur. L'histoire n'était pas finie, j'en étais bien sûr. J'avais l'impression qu'elle venait de commencer. Et c'était vrai.

Une directrice de la publication fut désignée pour revoir mon texte. Je l'appelai deux jours plus tard. Elle l'avait déjà lu et était prête à me faire quelques suggestions.

« Pour être honnête avec vous, il faut que je vous dise quelque chose, dit-elle. La première fois que j'ai lu votre manuscrit, je n'étais pas tellement emballée. Mais tous les autres l'étaient. J'ai pensé que quelque chose m'échappait peut-être, et j'ai beaucoup réfléchi ce soir-là. C'est là que ça s'est passé : j'ai réalisé que c'était plus qu'un livre. Je ne peux pas m'empêcher de penser que vous me cachez encore quelque chose. J'ai la sensation qu'il y a autre chose. »

Ses propositions étaient excellentes. Je commençai immédiate-ment à effectuer des corrections et y passai toute la semaine. C'est alors que je compris ce qu'elle voulait dire. Le livre n'était pas fini. Plus j'approchais ce que je pensais être le dernier chapitre, plus cette impression se confirmait. Et puis, une chose étrange se produisit. Quelques jours avant de terminer ma réécriture, je fis un rêve, dont je ne me rappelle pas les détails, à part que j'étais dans une grande maison avec des Croates, des Bosniaques et des Serbes qui vivaient tous ensemble dans une communauté conçue comme un modèle de paix et de clémence. Je fis le même rêve le lendemain et le surlen-demain. Après la troisième nuit, j'étais sûr qu'il contenait un message que je me devais d'examiner. Je décidai d'appeler Snjezana pour lui demander si mon rêve lui évoquait quoi que ce soit.

« C'est drôle que vous me demandiez ça, dit-elle. Il y a trois jours j'ai eu un coup de téléphone d'un poète de Sarajevo qui voulait vous parler. Maintenant qu'il y a des accords de paix, beaucoup de gens veulent que vous veniez à Sarajevo donner votre « Concert pour la paix ». Et puis, c'est ça qui est extraordinaire, il vit dans une communauté exactement pareille à celle que vous m'avez décrite, un endroit de Sarajevo où les gens n'admettent pas cette guerre et croient à la paix. Ce sont des gens de partout en Yougoslavie qui montrent que nous pouvons effectivement vivre ensemble. »

Deux semaines plus tard, j'étais dans un avion en direction de Venise. J'avais demandé à Snjezana de faire savoir à Duro que j'arrivais. Je voulais absolument retourner chez les Émissaires pour parler avec le Maître. J'étais sûr que cela faisait partie du projet. J'étais retourné aux États-Unis pour écrire le livre, et maintenant que c'était fait, j'étais de nouveau convoqué, pour en apprendre plus. Je me sentais littéralement vivre le livre tout en l'écrivant. Je n'étais plus simplement en train de décrire des événements récents, j'étais à présent dans le livre et y avais entraîné tous les autres.

L'autocar Trieste-Rijeka n'avait pas changé. J'avais appelé Snjezana de la gare pour la prévenir de mon heure d'arrivée. Ils devaient venir m'attendre. Je m'assis au fond du car, m'attendant presque à voir les gens que j'avais connus en faisant ce trajet sept mois plus tôt. L'autocar n'était même pas à moitié plein. Je m'installai en mettant mon sac à dos et ma guitare dans le filet, au-dessus de ma tête. Cette fois-ci, j'avais mis mon passeport dans la poche de ma veste. Le passage des deux frontières se fit sans incident. À la frontière entre la Slovénie et la Croatie, je présentai mon passeport au soldat qui m'avait donné un visa de trente jours, mais il n'y eut aucun problème. Les gardes avaient l'air moins nerveux, mais on voyait bien que ce n'était pas encore un pays en paix.

L'autocar coupait la route qui longe l'Adriatique jusqu'au sud. Il faisait beau et froid; le soleil se reflétait si fort dans l'eau bleue qu'il m'éblouissait. Cela faisait quarante-cinq minutes que nous étions entrés dans le pays. Nous devions être à Rijeka une heure plus tard. J'étais tellement excité de revoir mes amis, et de tout ce qui pourrait résulter de cette visite. J'en attendais tant. Le dernier acte était sur le point de commencer.

Je vis Snjezana, Gordana et Nadina sur le quai. Les portes s'ouvrirent et je sortis du car. Nadina fut la première à se jeter sur moi.

« Ma vie est tellement ennuyeuse depuis que vous êtes parti, dit-elle. Maintenant que vous êtes là, je sais que l'aventure recommence. Je suis impatiente. »

Snjezana et Gordana nous ont pris tous les deux dans leurs bras.

« Je n'arrive pas à croire que vous êtes déjà revenu, a dit Gordana. Il faut que vous nous racontiez tout ce qui vous est arrivé. »

Elles ont pris ma guitare et mon sac.

« Venez, a dit Snjezana. Nous allons manger tout de suite, comme ça vous pourrez nous parler de tout.

Nous avons parcouru tant bien que mal les trottoirs pleins de monde en direction du centre. Quelques minutes plus tard nous étions assis dans un restaurant qui donnait sur le port, et parlions en buvant un café. Les bateaux avaient l'air de lointaines villes illuminées qui bougeaient tranquillement sur les eaux. Je leur racontai mon retour aux États-Unis, mon état de confusion, et la certitude que j'avais eue en commençant à écrire le livre. Puis je leur parlai des événements des dernières semaines, de tout ce qui s'était passé depuis que j'avais fini la première version du livre. Elles étaient impressionnées mais pas surprises. Elles avaient vécu tant de choses avec moi que ces continuelles révélations leur semblaient presque normales.

Je demandai à Snjezana si elle avait parlé à Duro. Elle me dit que oui et qu'il viendrait me voir le lendemain. Elle ne savait pas si nous irions chez les Émissaires ou pas. Duro lui avait dit que beaucoup de choses avaient changé et qu'il fallait les prendre en considération. Cela ne me réjouit pas trop. L'idée d'être venu de si loin et de ne pas voir le Maître me dérangeait. J'étais persuadé d'avoir été ramené pour terminer quelque chose et pour séjourner encore une fois avec les Émissaires. Snjezana me répéta qu'il faudrait que j'attende le lendemain.

J'étais logé chez Nadina, comme la fois précédente. Tous les soirs nous faisions la cuisine, dînions et bavardions dans le minuscule salon, seule pièce chauffée de l'appartement. Sa famille se préparait à partir pour l'Amérique du nord deux semaines plus tard. Ils avaient finalement été invités à émigrer dans le cadre du programme canadien d'assistance aux réfugiés. J'étais très heureux pour eux. C'était ce que Nadina avait toujours voulu. Neda et Ned avaient l'air inquiets, mais pour Nadina, c'était une chance de reprendre ses études et d'avoir une vie normale.

Même si la guerre était arrêtée et les armes silencieuses, rien n'avait beaucoup changé à Rijeka. La plupart des réfugiés n'étaient pas rentrés chez eux et ne seraient probablement pas à même de le faire avant longtemps. Ceux qui venaient de régions toujours contrôlées par les Serbes de Bosnie, comme Nadina et sa famille, ne seraient jamais autorisés à rentrer. La plupart des gens étaient pessimistes sur le fait que la paix puisse durer. Les forces de l'OTAN pouvaient séparer les deux parties, mais le vrai changement devrait se faire dans les mentalités.

Snjezana me dit que Duro désirait me rencontrer seul au *Filodramatica*, un café du quartier de Nadina. Je me demandais pourquoi il faisait tant de mystères. Nous étions tous impliqués dans tout ce qui était arrivé. J'arrivai au café vers deux heures et demie. Duro n'était pas encore là, j'ai donc commandé un cappuccino en l'attendant. Il n'y avait que quelques clients qui mangeaient et fumaient. Duro est entré au bout de quelques minutes.

« Je suis heureux de vous revoir, dis-je en me levant pour le saluer.

— Et nous de vous avoir de nouveau ici, dit Duro en souriant. Je ne suis pas surpris que vous soyez si vite revenu. Snjezana m'a tout raconté, le livre, les réactions enthousiastes. Il semble que vous faites un excellent usage de ce que vous avez appris. Bientôt, tout le monde connaîtra les Émissaires et leur œuvre.

— Duro, je veux y retourner. Je veux voir le Maître et les autres. Je ne pourrai jamais retrouver mon chemin tout seul. Il faut que vous m'y remmeniez, tout de suite si vous pouvez. Je dois aller bientôt à Sarajevo et je n'ai pas beaucoup de temps.

— Pourquoi voulez-vous y aller? demanda-t-il.

— Pour de nombreuses raisons. Je sens que j'ai encore tant à apprendre, tant de cours que le Maître ne m'a pas donnés. Je sens aussi que c'est pour cela que je suis ici, que c'est ce qui m'a poussé à revenir.

— Mais vous avez déjà appris tout ce que vous devez savoir pour mener votre tâche à bien.

— Comment le savez-vous? dis-je. Il y a tellement de choses qui se sont passées aux États-Unis, qui m'ont fait revenir. Et pourquoi venir, si ce n'est pas pour être avec le Maître? Il faut que vous m'y emmeniez, Duro. Je vous en prie, je ne peux pas être ici et ne pas y aller. »

Duro resta silencieux pendant un moment, comme s'il était en train de prendre une décision.

« D'accord, nous partirons aujourd'hui, mais tous les deux. Les autres ne peuvent pas venir cette fois-ci. Il faut que je rentre prendre quelques affaires chez moi. Rendez-vous devant chez Nadina dans deux heures. »

Deux heures plus tard, Duro se garait devant l'appartement. J'avais laissé un mot d'explication à Nadina et étais sûr qu'elle serait déçue. Gordana et Snjezana étaient chez elles. Je leur avais dit que j'étais désolé qu'elles ne puissent pas venir avec nous. Je ne savais pas pendant combien de temps je serais absent, mais leur avais demandé de continuer les préparatifs concernant Sarajevo. D'une manière ou d'une autre, nous y arriverions!

Duro fut distant et renfermé pendant presque tout le trajet. Ce n'était pas le genre à se lancer dans des bavardages, mais j'avais la sensation qu'il me cachait délibérément quelque chose. Il n'était retourné chez les Émissaires qu'une fois depuis l'été, seul. Quand je l'interrogeai sur ce voyage, il ne me donna que des réponses rapides et dit que rien n'avait changé. Quand je lui demandai si le Maître avait dit quoi que ce soit à mon propos, il ne répondit pas. Je résolus de ne pas insister, en pensant que je n'allais pas tarder à l'apprendre moi-même.

Nous étions partis en fin d'après-midi. Il était impossible de parvenir à la communauté avant la nuit. Effectivement, nous ne sommes arrivés à la ferme qu'à minuit. Duro m'a expliqué que la maison était vide depuis des années et que nous pouvions donc y dormir. Nous avons garé la voiture derrière la grange et apporté nos affaires jusqu'à la porte arrière. Duro m'a dit d'attendre, il est entré par le sous-sol et a fait le tour pour m'ouvrir. Nous avons posé nos sacs à l'intérieur, puis sommes ressortis chercher couvertures et sacs de couchage dans la voiture. Duro a allumé un feu dans la cheminée et nous nous sommes vite installés pour dormir. La maison était froide et pleine de courants d'air, et le feu n'améliorait pas beaucoup les choses. Je m'en suis approché au maximum et me suis enveloppé dans deux couvertures.

« Que va-t-il arriver? demandai-je à Duro. Vous n'aviez pas l'air de vouloir m'emmener. Se passe-t-il quelque chose que vous ne m'avez pas encore raconté?

– Si, je voulais bien vous accompagner, dit-il. Mais je préférerais ne pas en dire plus avant demain. Vous avez déjà fait un long voyage et je voudrais que vous le finissiez. Demain vous comprendrez, je vous promets. D'ici là, ne me posez plus de questions, s'il vous plaît, et essayons de dormir.

Je me rallongeai sur le sol dur. Bien qu'épuisé par tous les voyages des derniers jours, je n'arrivais pas à trouver le sommeil. Ce retour chez les Émissaires m'inquiétait. Qu'allais-je trouver là-bas? Pourquoi Duro était-il si mystérieux? Je me tournai et me retournai toute la nuit. J'en avais fait du chemin, mais il en restait encore tellement!

À sept heures nous étions sur le sentier de la forêt. Je me demandai s'il y avait encore des militaires dans la région. Duro dit qu'il n'y en avait probablement plus et commença à me raconter comment il avait été pris. Les deux soldats n'avaient pas mis longtemps à le rattraper. Il avait prétendu qu'il cherchait des herbes pour soigner ses malades, comme il l'avait mentionné au téléphone. Or, ayant vraiment ramassé des plantes pendant tout le temps où nous étions chez les Émissaires, il avait des preuves. Néanmoins ils avaient trouvé suspect que qui que ce soit vienne dans cette région. Duro avait acquiescé, mais rétorqué que c'était la seule où poussaient certaines plantes. C'était dangereux, bien sûr, mais il était prêt à prendre ce risque. Les soldats l'avait emmené à la ville voisine et interrogé encore des heures. Toutefois, comme ses papiers étaient parfaitement en règle, ils avaient dû le libérer. Il était même allé jusqu'à prétendre que sa voiture était tombée en panne, et les avait convaincus de l'amener à un village où passait l'autocar.

« Parlez-moi du livre, dit Duro, l'air très intéressé par ce nouveau sujet.

— Ça s'est passé exactement comme le Maître l'avait dit. Pendant des mois j'ai résisté, j'étais malheureux, et quand je me suis enfin rendu à l'évidence, ça a été avec une confiance totale. Les gens sont arrivés d'eux-mêmes, chacun jouant un rôle essentiel pour que le manuscrit arrive là où il fallait. Quand j'ai enfin laissé ma peur de côté pour me mettre à écrire, tout s'est déroulé comme par enchantement. C'était comme si nous avions pris du retard et dû tout faire très rapidement.

— C'est vrai, mais pas pour les raisons que vous croyez, dit-il. Vous n'avez pas à vous dépêcher pour devancer un événement terrible ou une quelconque catastrophe. Les choses se passent vite simplement parce que l'humanité est prête. La seule chose qui a empêché ces changements, jusqu'à maintenant, c'est la peur. Mais elle a été dégagée au point que l'amour peut à présent percer. La peur est comme un nuage noir qui fait écran à la Lumière. Lorsque le nuage s'en va, la Lumière qui a toujours été là brille de toutes ses forces.

L'humanité a passé le cap, Jimmy. C'est ce que votre livre va révéler. Et le retour à l'amour va continuer à s'accélérer jusqu'à ce qu'il n'y ait plus de nuages du tout, jusqu'à ce qu'il n'y ait plus que la Lumière. C'est le commencement, et beaucoup de choses doivent encore changer. Mais ça a commencé : au fur et à mesure que les gens vont accepter leur rôle d'Émissaire de la Lumière, le monde que vous avez connu va s'effacer. Vous et tous ceux qui ont été appelés à se tenir à vos côtés, vous serez les modèles de cette transformation. Vous ne serez pas au-dessus des gens ni suivis comme des gourous, mais à leurs côtés, pleins de compassion. Vous comblerez le fossé imaginaire entre leurs peurs et ce qui est vrai. Vous avez accepté le salut pour vous, et vous allez le faire passer à tous ceux qui le veulent. Tous ceux qui ont été mystérieusement amenés à vous aider ont répondu au même appel que vous. Chacun joue un rôle unique. Mais au fond chaque rôle consiste à accepter le salut et, ce faisant, à le transmettre. Le monde a changé, Jimmy. Vous ne comprenez même pas à quel point.

Nous avons marché pendant des heures. Un peu de neige était tombée, ce qui rendait le paysage magique. Nous traversions la forêt sans mot dire. J'essayais de me repérer, au cas où je voudrais rentrer seul. Mais la route de Duro semblait indiscernable : elle zigzaguait entre les arbres, montait et descendait les collines sans suivre aucun chemin. Il était clair que je ne pourrais jamais refaire ce trajet tout seul.

C'est alors que je reconnus le long champ qui menait à la communauté, celui que les soldats étaient en train de traverser quand les Émissaires nous avaient tous fait disparaître. Je voyais déjà la maison, tout au bout. Nous avions réussi. Je devançai Duro et courus vers la maison. Il était environ une heure. La méditation devait être terminée et les assistants en train de préparer le repas. Impatient de les voir, je me précipitai sur le sentier. Il n'y avait personne devant la maison. Je jetai mon sac à terre et entrai.

La maison était vide, il faisait froid, les lampes n'étaient pas allumées et le fourneau était glacé. Je tendis l'oreille pour tenter de capter un bruit qui me signalerait leur présence. Rien. Je ressortis. Ils étaient peut-être encore au lieu de méditation. J'y courus à toute vitesse, y entrai, mais c'était pareil. La porte était ouverte, et il n'y avait personne. L'odeur d'encens avait disparu, ainsi que la roue et les symboles qui constituaient les douze rayons. J'étais seul dans une pièce ronde et vide.

« C'est ce que je ne pouvais pas vous dire, lança Duro en me rejoignant.

— Où sont-ils? hurlai-je.

– Ils sont partis, comme je vous l'avais dit il y a des mois. Je vous avais expliqué qu'il n'y aurait plus aucune trace de leur présence, vous vous souvenez?

– Comment cela, partis? Où pourraient-ils bien aller? Le Maître ne m'aurait pas fait revenir jusqu'ici pour disparaître de cette façon. Ce n'est pas possible. »

Duro s'approcha de moi.

« Vous êtes leur cadeau, Jimmy. Vous êtes le lien final dont ils avaient besoin pour terminer leur mission. Les Émissaires ont été les gardiens de l'humanité pendant des millénaires. Mais une nouvelle humanité est née. Elle est peut-être dans ses balbutiements, mais la sagesse que les Émissaires vous ont transmise l'aidera à grandir et à devenir forte. Le Royaume Pacifique est enfin là, pour que tout le monde en profite. C'est ce que le Maître vous a appris. C'est vers cela que tendaient tous ses cours. L'abandon de la peur a déchiré les frontières qui semblaient séparer l'humanité de ses origines. Mais c'est terminé, à présent. Les gens entrent dans la Lumière et deviennent eux-mêmes des Émissaires. C'est comme une boule de neige qui part du sommet d'une montagne et grossit de plus en plus en arrivant vers le bas. Rien ne peut l'arrêter maintenant. Elle va absorber tout l'univers.

– Mais je ne comprends pas, dis-je, pourquoi vous m'avez amené jusqu'ici en sachant qu'ils n'y étaient plus.

– Parce qu'il fallait que vous le constatiez vous-même. N'en soyez pas triste. Les Émissaires sont en vous, c'est là que vous les trouverez toujours. Ils y ont planté une graine qui a germé. Maintenant, il vous faut continuer et planter cette graine ailleurs. Cette nouvelle humanité n'apparaîtra pas d'un coup : vos graines germeront ici ou là, puis elles mûriront et essaimeront à leur tour. Certaines personnes, individuellement et par petits groupes, ont déjà commencé à mûrir, et plus elles évolueront plus cette nouvelle vision de l'humanité se répandra, d'abord imperceptiblement, ensuite de manière évidente. Le monde d'avant sombrera dans l'oubli, remplacé par une ère totalement nouvelle. Les Émissaires sont partis parce qu'on n'a plus besoin d'eux. À partir de maintenant, l'humanité sait marcher toute seule.

– Mais pourquoi revenir ici? demandai-je. Le Maître m'a-t-il fait venir juste pour que je voie qu'ils ne sont plus là?

– Vous devez apprendre encore une chose, et le Maître voulait que je vous y aide. Il disait que cela éclairerait tout. Lorsque vous vivrez ce dernier enseignement, tout s'accordera.

– Il s'agit de quoi?

– Le dernier cours n'aura pas lieu ici, mais là où vous allez, à Sarajevo. Quelque chose s'y produira, c'est tout ce que je sais. Cela arrivera sans aucun effort de votre part, comme tout le reste. Tout se passera comme il se doit. »

Je ressortis. Le ciel était pur, et une brise légère agitait les feuilles au-dessus de nous. J'étais très perplexe. Je n'arrivais pas à croire que j'avais fait tout ce chemin pour trouver cet endroit désert. Duro sortit après moi.

« Où sont-ils partis, Duro?

– Je ne sais pas. Les assistants ont repris leur vie antérieure. Quant au Maître et aux autres Émissaires, ils ne sont tout simplement plus ici. Ils n'ont plus besoin de leur corps. Dans ce sens, ils sont plus disponibles pour vous qu'avant. Le Maître est avec vous en ce moment même, il vous guide et vous entraîne. Vous n'êtes pas seul, Jimmy. Vous ne le serez jamais. »

J'ai passé la journée à parcourir ce qui avait été la communauté des Émissaires. J'ai allumé un feu dans le trou, à côté de la maison du Maître et me suis assis pour repenser à toutes nos conversations.

Je savais que je terminerais à Sarajevo ce que j'avais commencé ici. Je me demandais ce qui m'y attendait. Les combats avaient cessé mais la haine était toujours là. Nous avons dormi sur place, puis sommes repartis pour Rijeka, tôt le lendemain matin.

« Nous partons à Sarajevo dans une semaine, dit Snjezana dès qu'elle me vit entrer dans le bureau de Suncokret. Je viens de parler avec une de nos militantes qui est là-bas. Elle vous a organisé un grand concert avec Josip Pejakovic, un acteur bosniaque célèbre dans toute l'ex-Yougoslavie. Il dirige l'organisation pacifiste de Sarajevo qui parraine cet événement. Mais il n'y aura que nous deux. Nadina ne peut pas y aller parce qu'elle est réfugiée et n'a pas le droit de retourner en Bosnie. Gordana n'a pas assez d'argent pour le voyage. Le billet coûte plus de trois cents marks, parce que le trajet est très dangereux.

– Mais ce n'est pas plus sûr maintenant que la guerre est terminée? lui demandai-je.

– Il n'y a plus de bombes, mais les gens sont toujours dans une situation terrible. Tout a été détruit, et ils n'ont pas de quoi manger. C'est pour ça que c'est risqué d'être dans le pays : on peut se faire dévaliser ou tuer. »

Ce soir-là, Snjezana et moi étions invités à Grobnik, un village voisin, pour le festival « *Maskare* » qui célèbre l'arrivée du printemps par quatre fêtes costumées, tous les samedis de neuf heures à l'aube. La tradition veut que l'on y aille en groupe et qu'on s'habille d'après un thème. Nous étions invités par des gens qui avaient passé des mois à se fabriquer des costumes de poulets. J'étais impressionné par les efforts et le temps qu'ils consacraient à ces préparatifs. Deux membres de leur groupe ne pouvant assister à la fête de cette semaine-là, ils nous avaient proposé leurs costumes. Nous nous y sommes rendus en voiture et nous sommes changés en arrivant.

Le festival se tenait dans une sorte d'immense hangar, au milieu du village. Il était déjà plein lorsque nous sommes arrivés à dix heures. Des groupes de fêtards se tenaient les uns contre les autres dans des costumes extrêmement créatifs. L'un représentait un carré de champignons. Un groupe de mimes agitaient leur canne en l'air tandis que vingt hommes déguisés dansaient furieusement autour d'eux. Cinq musiciens jouaient un curieux mélange local de disco et de polka. Je remarquai l'effigie d'un soldat, accrochée au mur, mais eus peur de demander de quoi il s'agissait. Le vin était servi dans des bouteilles de plastique ou de vodka réutilisées, et il y avait comme un gros nuage épais de fumée de cigarettes au-dessus de nos têtes. Les gens étaient de plus en plus saouls et commencèrent à danser sur les tables et à se mettre les uns sur les épaules des autres. Quelqu'un alluma sur la piste de danse une fusée éclairante qui remplit la salle d'une lumière fluorescente sinistre. L'odeur du soufre empêchait presque les gens respirer.

Je suis resté auprès de mes amis jusqu'au moment où l'on devait annoncer qui étaient les gagnants du concours de déguisement. La nuit a été propice aux poulets, et on nous a récompensés par un immense gâteau, aussitôt partagé avec nos voisins de table. Le concours fini, nous avons enlevé nos costumes. C'était bien agréable de sortir de cette armature. La chaleur produite par la quantité de gens qui nous poussaient sur la piste de danse rendait mon tee-shirt et mon jean tout à fait suffisants malgré la saison.

Alors que nous dansions, Snjezana et une des autres femmes avec qui nous étions m'ont fait tourner pour voir le dos de mon tee-shirt, qui ne leur a pas plu. Il représentait une main qui faisait le signe de la paix, avec les mots *PEACE BOY* en dessous. Quand je l'avais acheté à Chicago, je m'étais demandé pourquoi le signe de la paix était fait avec trois doigts au lieu de deux et m'étais dit que c'était une variation inventive à partir de l'original. Puis je n'y avais plus fait attention. Snjezana m'a expliqué que c'était le signe d'un guerrier serbe, et que c'était dangereux de porter une chose pareille en Croatie ou en Bosnie. J'ai ignoré son avertissement avec suffisance et ai continué à danser.

Les gens étaient ivres et bruyants. Je commençais à me sentir mal et espérais que nous n'allions pas rester jusqu'au matin, comme le voulait la coutume locale. Quand je voulus respirer un peu d'air frais, j'eus du mal à me frayer un chemin dans la foule. J'étais près de la porte, et quelqu'un me poussa très violemment par derrière en me faisant presque tomber. Je me retournai, et un homme très massif m'attrapa par la chemise et se mit à crier. Je tentai de lui dire que je ne comprenais pas, mais il hurlait trop pour m'entendre. Les autres hommes se pressaient autour de moi. L'un d'eux me donna un coup de poing au visage qui m'envoya à terre. Je crus qu'ils allaient me tuer. J'avais sur moi cinq hommes qui vociféraient en me frappant. À ce moment-là, Snjezana réussit à se faufiler et à me couvrir. Elle cria quelque chose en croate qui les fit arrêter, sans doute que j'étais Américain et n'étais pas au courant. Elle me jeta une chemise sur les épaules et m'aida à me relever. Mes assaillants reculèrent pour me laisser passer.

Nos compagnons avaient vu ce qui s'était passé et ils prirent leurs costumes pour partir. Snjezana me fit attendre les autres dehors.

« Peut-être que maintenant vous comprenez que ce sont des choses sérieuses, dit-elle. Même si ça n'a pas de sens pour vous, ces gens sont tellement furieux qu'ils sont capables de sauter sur n'importe quel prétexte pour être violents. »

Quelques minutes plus tard, les autres nous retrouvaient à la voiture. Ils étaient désolés de ce qui était arrivé et essayèrent de m'expliquer.

« Je viens d'une ville bosniaque qui s'appelle Doboj, me dit Denisa, une des filles de notre groupe. Elle a été prise par les Serbes mais ma famille a continué à y vivre pendant un an. J'avais souvent très peur parce que beaucoup de mes amis musulmans avaient déjà été contraints à partir ou tués. Les Serbes m'ont plusieurs fois forcée à faire le signe des trois doigts, sous peine de me tuer. Une fois que j'étais à Jelah, un village voisin, quelqu'un a lancé une grenade sur nous parce que n'avions pas fait ce salut. Le shrapnell m'a terriblement blessée à l'épaule. C'est pour cela que les gens réagissent si mal à ce signe, parce que tant de choses affreuses se sont passées autour de lui. »

Je passai la semaine suivante à me préparer pour Sarajevo. Nadina et sa famille s'habituaient à l'idée de s'installer au Canada. Nadina fréquentait un jeune Croate depuis quatre mois et ils parlaient de se marier pour qu'il puisse venir avec elle. Je passai pas mal de temps à discuter de cette question avec elle. Elle n'avait que vingt et un ans et était trop jeune pour s'engager de la sorte. Par contre, le mariage lui donnerait, à lui, une chance de vivre normalement. J'étais sûr que c'était cela qu'elle choisirait en dernier ressort. Ils devaient partir au Canada pendant que je serais à Sarajevo. Nadina et sa famille nous accompagnèrent à la gare ce dimanche soir. Nous étions tous au seuil d'une merveilleuse aventure.

L'autocar est arrivé à Split, sur la côte adriatique, le lendemain matin très tôt. C'était une compagnie de transport différente qui desservait la Bosnie, et nous devions acheter un autre billet. Une femme entre deux âges nous a ouvert la porte à six heures, et nous a fait entrer. Snjezana lui a dit où nous allions et elle a tout de suite paru inquiète. Elle avait l'air d'expliquer que le voyage était dangereux. Après quelques minutes de discussion, Snjezana lui a dit que nous acceptions de courir ce risque et a payé les billets. Avant de sortir, elle m'a pris par le bras :

« Il faut que je vous raconte ce que cette femme a dit. Hier le car que nous allons prendre pour Sarajevo a été attaqué en Herzégovine. C'est arrivé quatre fois en deux mois. Deux soldats croates armés de fusils automatiques l'ont arrêté et ont dévalisé tous les passagers. Ensuite ils ont tiré sur le car à la mitraillette et ont battu plusieurs passagers et le conducteur, qui a dû être hospitalisé. Ils préviennent tout le monde du danger. Beaucoup décident de ne pas partir. Je lui ai dit que nous continuions.

– Pourquoi des soldats croates attaqueraient-ils l'autocar? demandai-je.

– L'Herzégovine est très pauvre, et aussi très croate. Elle se considère comme une partie de la Croatie. Les gens qui apportent de l'argent à des proches de Bosnie se font souvent voler. Maintenant que la guerre est finie, les gens essaient de reconstruire leur vie. Ils sont très primitifs et très racistes ici. Elle n'exagère pas en disant que c'est dangereux. »

Le voyage à Sarajevo était entamé et je me demandais si nous avions pris la bonne décision. J'attendais cette occasion depuis bien longtemps. Il était trop tard pour faire marche arrière. Malgré le risque, je savais que nous devions le mener à bien. Quelque chose m'attendait, une apothéose orchestrée par le Maître, j'en étais certain. L'impatience m'aurait fait accepter tous les dangers.

Le voyage de Split à Sarajevo a pris huit heures. J'étais sidéré par la magnificence des montagnes et des lacs qui composaient le paysage bosniaque. Nous sommes entrés en Herzégovine où la réalité de la situation nous sauta aux yeux. Le contraste entre la beauté du pays et les ravages de la guerre était saisissant. Nous avons traversé des villages entièrement en ruines. Dans certains cas, on voyait bien que de nombreuses maisons n'avaient été détruites que parce que leurs propriétaires étaient musulmans. L'une était complètement démolie alors que celle d'à côté n'avait pratiquement rien. Des gens de religions différentes avaient vécu côte à côte pendant quatre cent cinquante ans en Bosnie. Et l'intolérance que cette guerre avait amenée rendait cela impossible, à présent.

L'autocar fit un arrêt à Mostar, ville d'Herzégovine dont la moitié de la population est musulmane et l'autre catholique. Les dégâts étaient inimaginables. La zone musulmane était en ruines. Presque cinquante pour cent des immeubles étaient soit anéantis soit réduits à l'état de coquilles vides. Les gens erraient dans les rues sans expression. Il y avait des tanks et des soldats partout. C'était une ville paralysée, cassée par une violence inconcevable. La destruction de Mostar n'était pas due aux Serbes mais aux catholiques croates. Les parties s'étaient âprement battues pour contrôler la ville. Les soldats croates avaient été amenés pour perpétrer le massacre et la population musulmane, sans armes ni défense, avait été complètement écrasée.

Nous passions d'un village abandonné et dévasté à l'autre. Les bâtiments étaient criblés de balles et d'immenses trous d'obus. Le car bourdonnait d'énervement. Certains semblaient rentrer chez eux, alors que d'autres comme Snjezana et moi, allaient en Bosnie dans le cadre de diverses actions humanitaires. Je rencontrai trois cinéastes allemands qui essayaient de monter une connection Internet, pour transmettre des photos de Bosnie. Deux Anglais étaient en route pour une ville avec les jeunes de laquelle ils travaillaient depuis plus de deux ans. À chaque fois que nous traversions un village, nous sortions nos appareils photos et cherchions le cliché qui refléterait la réalité. Aucun ne le pourrait bien sûr. Aucune des photos, aucun des reportages télévisés que j'avais vus n'aurait pu me préparer pour ce que j'avais sous les yeux.

Sarajevo était entourée de hautes collines occupées par les Serbes de Bosnie. Pendant la guerre c'était donc facile de contrôler le sort de la ville. Il suffisait de barrer toutes les routes d'accès et vous la teniez à la gorge. Sans l'intervention de l'Europe et des États-Unis, Sarajevo n'avait aucune chance de survie. Les canons et les tireurs isolés avaient passé quatre ans à viser les civils un à un. Plus de quinze mille habitants de Sarajevo avaient été tués, et cinquante mille blessés.

Alors que l'autocar s'approchait des banlieues serbes de la ville, cinq tanks de l'IFOR nous ont escortés jusqu'à la ville. C'était l'armée française qui opérait dans cette région, tandis que celle des U.S.A. était à Tusla, à l'ouest de Sarajevo. Trois tanks menaient le convoi et deux nous suivaient. Cela se faisait couramment depuis que l'IFOR, l'armée unifiée de l'OTAN, était chargé de faire respecter les accords de paix dans la région. Les villages serbes étaient tranquilles. Il y avait apparemment peu de destructions dans cette zone. Ce n'est que lorsque nous avons traversé la ligne de démarcation entre les deux peuples que j'ai compris ce qui s'était passé dans cet endroit. Le boulevard principal qui menait à la ville était bordé de hauts immeubles, à la fois résidentiels et de bureaux, presque tous détruits. Cela ressemblait à l'attentat d'Oklahoma City multiplié par cinquante. Pour dix voitures, il y avait trois chars ou autres véhicules militaires. Des soldats en armes partout. Nous étions dans une zone de guerre, c'était un fait indéniable.

Harris, un ami de Rijeka qui venait de se réinstaller à Sarajevo avec sa mère, nous attendait à la gare routière. Sa grand-mère étant à l'hôpital, il nous proposait son appartement dans un immeuble de dix étages identique à tous ceux qui l'entouraient. Au moins deux bâtiments avaient été partiellement ou entièrement détruits. Placés en bas d'une colline menant aux villages serbes, c'étaient des cibles faciles pour les lanceurs de grenades. Le vent était froid et le sol couvert de neige. La ville avait été privée de gaz et d'eau pendant presque toute la guerre. Cela signifiait que beaucoup de maisons n'étaient pas chauffées et que leur seul point d'eau était une pompe du quartier. Les Serbes connaissant l'emplacement de ces pompes, ils en avaient profité pour tuer beaucoup de gens. Mais les choses allaient beaucoup mieux à présent. Il y avait de l'eau environ dix heures par jour et du gaz douze. Pour la population, cela voulait dire que la vie redevenait normale; pour moi, des douches limitées et des nuits glaciales.

Nous étions déjà en fin d'après-midi. Josip Pejakovic devait venir à l'appartement à sept heures pour que nous commencions à préparer l'itinéraire. J'appris que c'était une célébrité, en ex-Yougoslavie. Il avait été pendant trente ans l'acteur principal du théâtre national de Sarajevo. Il avait été la vedette de nombreux films et d'un feuilleton à succès. Mais ses opinions politiques avaient toujours radicalement différé de celles de ses camarades. Alors que la majorité devenait nationaliste, il prônait une Bosnie unifiée, où les différentes cultures vivraient en paix comme elles l'avaient fait pendant des siècles. Il avait été candidat à la présidence de la Bosnie juste avant la guerre. Ses déclarations d'alors contre le nationalisme et le séparatisme religieux l'avaient rendu très impopulaire après le début de la guerre. En fait, Sarajevo était une des seules villes de l'ex-Yougoslavie où il était en sécurité. Une fois, ayant appris qu'on menaçait de l'assassiner, il avait été contraint de quitter Mostar en pleine nuit. Il avait abandonné son métier d'acteur et la politique pour panser les plaies de Sarajevo.

On parlait souvent de lui comme du « Jésus de Sarajevo ». Quand les gens avaient faim, il achetait une cargaison de pain et la leur distribuait. Un orphelinat pour enfants attardés avait été construit, et Josip avait financé leur alimentation pendant deux ans. Sa générosité ne s'était pas limitée à une culture ou à une religion. Des dizaines de Serbes de la ville étaient venus une fois le voir parce qu'ils étaient terriblement persécutés. L'essence coûtait à l'époque l'équivalent de soixante-dix francs le litre. Josip leur avait trouvé des voitures, dont il avait rempli le réservoir, pour leur permettre de s'échapper. Je me demandai ce qui allait se passer quand je le rencontrerais.

La sonnette retentit et Snjezana ouvrit la porte. Un colosse entra. Il n'était pas rasé, pas peigné et il portait des vêtements modestes et usagés. Snjezana le fit entrer dans le salon et me présenta.

« C'est une grande joie de rencontrer un troubadour de la paix, dit-il d'une voix théâtrale profonde. Sarajevo en a certainement besoin de plus d'un. »

Snjezana le fit asseoir et lui proposa du café. Pendant quelques minutes, la conversation passa d'un sujet à l'autre, sans rapport avec Sarajevo et mon concert. Puis il s'approcha de moi en prenant un ton très sérieux.

« Notre ville vient de vivre une période très sombre, dit-il. Les grenades n'explosent plus et nous pouvons de nouveau marcher dans les rues, mais la guerre est loin d'être finie. Tant que les gens continueront à se séparer les uns des autres, la haine demeurera. Nous n'aurons pas de paix durable sans changer de mentalité. C'est pourquoi nous vous avons invité, Jimmy. Des concerts comme le vôtre nous aident à comprendre combien nous sommes semblables et voulons tous la paix. Je sais qu'il y aura beaucoup de gens au concert. »

J'étais frappé de la similitude entre ces paroles et celles des Émissaires, mais autant que je sache Josip n'avait rien à voir avec eux.

C'était un ami du poète qui avait à l'origine contacté Snjezana pour me faire venir à Sarajevo, et dont personne ne savait plus rien. Il avait confié la tâche à Josip et Snjezana n'en avait plus entendu parler. Josip était le directeur d'un organisme de paix inter-religieux de Sarajevo qui parrainait mon concert. Nous avions rendez-vous le lendemain avec le comité d'organisation du festival d'hiver. Il fallait choisir le théâtre où le concert aurait lieu. Ensuite je devais être interviewé pour une radio locale indépendante.

« Pendant la guerre, les Serbes ont essayé d'écraser l'âme de cette ville, m'expliqua Josip. Ils ont détruit la bibliothèque, les salles de concerts et les théâtres, tout ce qui représentait la culture de Sarajevo. Autrefois nous étions un des grands centres culturels d'Europe. Notre théâtre national faisait l'envie de la Yougoslavie. Mais tout a changé. Votre concert sera l'un des premiers événements musicaux des cinq dernières années.

– Quand recommencerez-vous à jouer? lui demanda Snjezana.

– Je ne jouerai plus ici, dit-il. Il n'y a plus rien pour moi ici. Le gouvernement ne cherche pas à promouvoir le vrai, le grand théâtre. Et même si c'était le cas, je ne monterais pas sur scène. Je rêve d'emmener ma famille aux États-Unis, où je pourrais peut-être recommencer. Mais comment partir? Il me serait facile de demander l'asile politique, mais je ne le ferai pas. Je ne veux pas que ceux qui s'opposent à mes idées politiques pensent qu'ils m'ont battu. Ce que je veux c'est l'asile culturel. Que se passe-t-il quand on ne peut plus faire ce en quoi on est bon professionnellement? Je ne sais pas si ce statut existe, mais j'en rêve tout de même. »

Dès cette première rencontre je sus que Josip allait jouer un grand rôle dans cette histoire. J'avais l'impression qu'il nous avait été envoyé, ou l'inverse. On ne le saurait qu'avec le temps.

Après notre rendez-vous avec le comité du festival, nous sommes allés à la station de radio en voiture. Josip m'a montré les multiples immeubles endommagés par la guerre. La bibliothèque avait été un des plus beaux bâtiments de Sarajevo. C'était une carcasse à présent. Chaque pâté de maisons avait été bombardé et incendié. Je voyais la souffrance dans les yeux de Josip, devant chaque maison détruite. C'avait été une belle ville, et maintenant c'était un endroit effroyablement triste, accablé.

Le studio 99, installé au sous-sol du siège du gouvernement, était la seule radio indépendante de Bosnie. C'était amusant de voir la réaction des gens devant Josip dans les couloirs. C'était le Marlon Brando yougoslave. Les gens venaient lui serrer la main et le pressaient de revenir à la scène. Il les écoutait poliment, bien qu'il n'en ait aucune intention. Tout le monde a remarqué son entrée dans la pièce et personne n'a rien dit pendant que nous traversions la salle d'attente qui conduisait au studio.

Nous nous sommes assis dans le plus grand studio. Les micros avaient été réglés. Ce devait être une interview en direct, avec le présentateur du moment. Une jeune femme est entrée et s'est assise à côté de moi.

« Je m'appelle Azra, dit-elle en me tendant la main. Je suis votre interprète.

— Enchanté, dis-je.

— Je vous demanderai de parler lentement et de vous arrêter toutes les dix secondes. Si vous allez trop vite, je ne me souviendrai pas de ce que vous avez dit, » ajouta-t-elle en souriant.

Quelques secondes plus tard, la lumière rouge s'alluma et l'interview commença. Le présentateur me demanda pourquoi j'étais en Bosnie, ce que j'espérais y accomplir, et de parler du concert. À chaque question, Azra me regardait intensément comme si elle me transperçait. Le compact du « Concert pour la paix » passait en arrière-fond, et je me sentais bien, pas grâce à la musique mais grâce à Azra. Quelque chose en elle me remuait, d'une manière étrange et délicieuse. Elle avait une vingtaine d'années, des cheveux bruns et un visage d'ange. Je ne faisais pas très attention au présentateur et à ses questions. J'attendais Azra, écoutais sa traduction, puis lui parlais à elle, comme si nous avions été tout seuls.

« Qu'est-ce que vous cherchez le plus à réaliser à Sarajevo? me demanda l'interviewer par l'intermédiaire d'Azra.

– Je veux montrer aux gens que la guerre religieuse n'existe pas, dis-je. La religion est une affaire de paix, pas de guerre. Toutes les religions enseignent la coopération et le pacifisme. Pendant mon concert je vais chanter les deux prières pour la paix, la musulmane et la chrétienne, pour montrer qu'elles ont le même objectif. »

Après l'interview, ils mirent le reste du CD. J'étais heureux que les prières pour la paix des douze religions du monde soient en train de flotter dans l'air de Sarajevo. Snjezana et Josip partirent mettre au point une interview pour la télévision dans une pièce voisine, tandis que je restai dans un bureau avec Azra.

« Où avez-vous appris à parler si bien anglais? lui demandai-je.

– Personne ne me croit, mais je ne l'ai pas étudié, dit-elle. J'ai appris toute seule, principalement en regardant des films américains.

– Vous n'en avez jamais fait à l'école?

– Vous voyez, vous ne me croyez pas non plus. J'ai vu des centaines de films. Je rêve de vivre aux États-Unis depuis que je suis toute petite. Quand je vois des films américains, j'ai presque l'impression d'y être.

– C'est curieux qu'il y ait tant de gens ici qui veulent partir là-bas, lui dis-je.

– La plupart des habitants de Sarajevo seraient prêts à aller n'importe où. Vous ne pouvez pas imaginer ce que c'était ici, pendant la guerre. On ne pouvait même pas descendre dans la rue sans craindre les tireurs isolés. Une nuit, je voulais regarder les étoiles, juste une minute, parce que je ne l'avais pas fait depuis longtemps. Ma mère ne savait pas où j'étais. Elle aurait été très fâchée de voir que j'étais assise sur l'escalier de devant. Soudain j'ai entendu un claquement, très loin, et puis un bruit de balle, tout près, à environ dix centimètres de ma tête. Je me suis laissée tomber par terre et ai fait la morte. J'avais tellement peur que je ne pouvais pas bouger. L'idée que quelqu'un, sur une colline, m'observait à travers le télescope d'un fusil me paralysait. J'ai fini par me lever et par me précipiter dans la maison. Personne ne l'a su, dans ma famille. J'avais bien trop peur pour leur raconter. »

L'histoire d'Azra me bouleversa. La plupart des gens que je rencontrais à Sarajevo semblaient coupés du monde extérieur, comme s'ils avaient tiré les rideaux et vivaient reclus. Chez Azra, je sentais une lumière : elle avait pu rester elle-même, malgré les horreurs de la guerre. Je voulais l'aider. Elle n'avait aucune chance d'avoir une vie correcte à Sarajevo. Nadina avait trouvé un moyen d'émigrer au Canada. Il y en avait peut-être un pour Azra aussi.

C'est alors que Josip et Snjezana revinrent dans la pièce, l'air très sérieux, surtout elle. Ils s'assirent sur le canapé en face de moi.

« Il faut que je vous dise quelque chose, commença Josip. La situation est encore très tendue en Bosnie. Les gens ne sont pas encore capables de se débarrasser de la haine qu'ils éprouvent les uns envers les autres. Votre idée de chanter les prières pour la paix musulmane et chrétienne est très extrémiste. Cela n'a jamais été fait ici, et beaucoup de gens ne vont pas apprécier. Il y a cinq minutes, l'interview était à peine finie, on a eu un appel d'un homme qui vous fait dire que si vous chantez ces deux prières ensemble, vous allez être assassiné. J'ai bien peur que nous devions prendre cette menace très au sérieux. Il faut que nous trouvions une autre solution.

— À quoi? demandai-je.

— Peut-être que vous ne devriez pas chanter ces deux prières, dit Snjezana. Vous pouvez faire les autres chansons de paix, et c'est tout. Ce n'est pas la peine de vous mettre en danger. »

Je me levai et traversai la pièce.

« Alors vous pensez qu'ils pourraient vraiment essayer de me tuer?

— Les gens ne font pas des menaces en l'air à Sarajevo, dit Josip. Quand quelqu'un dit qu'il va vous tuer, il en a vraiment l'intention.

— Mais je ne suis pas venu ici en vacances, dis-je. J'étais conscient des risques que je courais. Je savais que c'était dangereux. Si le simple fait de chanter ces prières a déclenché de telles passions, c'est une raison de plus pour le faire.

— Mais vous n'êtes pas venu pour vous faire assassiner, dit Snjezana. Ça ne servirait absolument à rien.

— Vous avez raison, je ne suis pas ici pour ça. Et ça n'arrivera pas. Il se passe quelque chose d'autre ici, au-delà de tout ça. Vous le savez bien, Snjezana. Je dois chanter ces deux prières, quel que soit le risque. »

Azra écoutait sans bouger. Je savais déjà qu'elle avait été attirée dans cette histoire, comme nous tous. Duro avait dit que le dernier enseignement viendrait à Sarajevo. C'était peut-être cela. Je savais que je devais chanter les chansons de paix. Je ne savais pas ce qui allait arriver, mais j'étais déjà ressorti indemne de beaucoup de choses. Je devais croire que le Maître savait ce qu'il faisait. Même s'il était parti, j'étais sûr que c'était lui qui mettait tous ces événements en scène.

Les deux jours suivants, je passai autant de temps que possible avec Azra. Elle me montra Sarajevo, me présenta à ses amis, et me donna une idée précise de ce qu'avait été la vie pendant la guerre. Le soir nous nous promenions dans le centre comme si c'était n'importe quelle ville, regardions les passants, allions dans les cafés et faisions réellement connaissance. Je n'avais aucune notion de ce qu'était Sarajevo. Tout ce que j'avais entendu me faisait croire que c'était dangereux de mettre un pied dehors. Pourtant, les gens avaient hâte de recommencer à vivre normalement, ce dont ils avaient été lésés pendant quatre ans. Les jeunes étaient comme partout ailleurs. La plupart parlait un anglais correct et adoraient me raconter leur vie. Ce qui revenait le plus souvent, c'est qu'ils étaient frustrés de tout ce qu'ils n'avaient pas vécu. C'est impossible d'être jeune pendant une guerre. Chaque jour est incertain et la tension est permanente. Maintenant que la paix était là, ils commençaient à se rappeler ce que c'était d'être vivant.

« Je n'ai jamais eu ce qu'on appelle un vrai ami, me dit Azra en arrivant dans un café. Pendant la guerre, nous étions tous obnubilés par la survie et ne pouvions penser aux autres. J'avais bien une amie, avec laquelle je passais tout mon temps, mais il s'est passé quelque chose. Elle a décidé de ne plus être mon amie, comme ça, pour rien. Je ne sais pas pourquoi. Aujourd'hui les gens essayent de faire comme avant. Mais ils ont encore peur. J'ai étouffé mes sentiments pendant tellement longtemps que je pensais ne plus être capable d'en avoir. Mais c'est faux. Ça a été très important pour moi, de vous rencontrer. Je crois que vous allez être mon véritable ami, et ça me rend vraiment heureuse. »

Je lui pris la main.

« J'ai la même sensation, Azra. Depuis que je suis venu en Croatie l'été dernier, ma vie est téléguidée. J'ai rencontré plusieurs personnes qui ont maintenant un rôle essentiel dans ma vie. Et c'est ce que je ressens à propos de vous. Même si nous venons de nous rencontrer et que nos vies sont tellement différentes, je sais que vous faites partie de cette histoire, de cette aventure merveilleuse que je vis. Je ne sais pas comment ni pourquoi, mais je sais que c'est vrai. Je vais faire tout ce qui est en mon pouvoir pour vous faire venir aux États-Unis. Vous méritez d'avoir une vie normale. Il y a tellement de blessures ouvertes dans cette ville. Cela prendra longtemps pour que les souffrances s'estompent. En tout cas, je suis certain que nous nous sommes rencontrés pour que vous ayez une chance. À partir de ça... qui sait ce qui arrivera. »

Le concert était prévu pour le lendemain soir. Josip avait réservé un théâtre du centre, qui avait été le plus célèbre de Yougoslavie. Grâce à lui, la promotion avait été faite en grand. Des équipes de la télévision locale et nationale venaient enregistrer le concert. Il devait être entièrement diffusé sur la télévision nationale, tandis que la station locale devait en présenter des extraits accompagnés d'une interview dans son émission hebdomadaire sur la paix. Josip invitait tous les gens qu'il connaissait. Le directeur du théâtre national et un réalisateur européen connu allaient venir. Le concert devenait un événement plus important que ce que j'avais imaginé, et mon intention de chanter les prières de la paix musulmane et chrétienne faisait beaucoup d'effet. Je pensais à la menace de mort. J'étais sûr de ma détermination, mais je m'interrogeais tout de même. Je ne voulais pas prendre de risques inutiles pour que ce livre ait une fin spectaculaire. Et ma fille? Cette décision était plus complexe que je ne l'avais cru.

La salle était presque pleine lorsque j'arrivai. Snjezana et Josip m'attendaient en coulisses et Azra était dans ma loge avec une équipe de la télévision locale. Il y eut juste assez de temps pour faire l'interview avant le concert. Ensuite je restai avec Josip. Il avait l'air de s'inquiéter pour moi. J'étais certain que rien n'arriverait pendant le spectacle. C'était peut-être un extrémiste qui m'avait menacé sans intention d'aller jusqu'au bout. Snjezana essayait depuis deux jours de me faire changer d'avis. C'était trop tard maintenant. Josip monta sur scène et me présenta.

J'entrai en scène sous les applaudissements. Les projecteurs m'empêchaient de voir le public. Je m'assis sur un tabouret et jouai un pot-pourri de trois chansons, « What's Going On » de Marvin Gaye, « Imagine« et « All We Are Saying… » de John Lennon. Puis je reposai ma guitare.

« L'été dernier, j'étais dans un tram à Zagreb et j'ai commencé mentalement à me chanter une chanson. Je suis arrivé à mon arrêt et j'ai trouvé un stylo pour l'écrire. Elle s'appelait 'Mettons fin à la guerre.' Depuis, un poète de Rijeka a adapté les paroles dans votre langue et je vais essayer d'en chanter au moins une partie ce soir. Et puis je la chanterai en anglais, au cas où vous ne comprendriez pas mon mauvais croate. Deux semaines après avoir composé ce morceau, je me suis retrouvé dans les montagnes de Croatie avec une communauté spirituelle secrète qui s'appelait les Émissaires de la Lumière. Ils m'ont dit que l'humanité est arrivée au point où elle est enfin prête à accepter la paix, que nous sommes à la veille d'une grande transition spirituelle entre la destruction de la guerre et l'harmonie de la paix. C'est étonnant que j'aie écrit cette chanson juste avant de rencontrer ces gens. On dirait qu'elle illustre tout ce qu'ils croient, et j'aimerais la partager avec vous.

Je repris ma guitare et commençai à jouer.

J'ai fait un rêve la nuit dernière.
Toute l'humanité était concernée.
On aurait dit que la terre était arrivée au point
De mettre fin à la guerre.

J'ai dit une prière la nuit dernière.
Elle m'a rempli le cœur d'une telle résolution.
Plus jamais je ne consacrerai
Des pensées stériles à la guerre.

Entre la nuit et demain
Quelque chose de grand est arrivé.
Entre les cris et le chagrin
J'entendais presque ces mots :
« Mettons fin à la guerre.
C'est pour la paix que nous vivons.
Mettons fin à la guerre. »

Cette nuit j'ai entendu une voix,
Qui était douce, mais si forte.
Elle murmurait « Combien de temps
Ferez-vous encore confiance à la guerre? »

Cette nuit j'ai fait un rêve.
Plus un pays, plus un endroit n'avait
De bombes, de fusils ni d'avions de combat,
Car nous avions mis fin à la guerre.

Et dans le ciel sombre et menaçant
Un grand signe est apparu.

Le son de la joie et du rire
Remplissait l'atmosphère.
Car nous avions mis fin à la guerre.
C'est pour l'amour que nous vivons.
Mettons fin à la guerre.

Le concert fut un grand succès. J'avais enfin joué le « Concert pour la paix » à Sarajevo, et chanté les prières musulmane et chrétienne l'une après l'autre. Azra m'attendait dans les coulisses, où elle avait passé tout le concert.

« Vous avez été fantastique, dit-elle en me serrant dans ses bras. J'étais tellement contente d'être seule pour que personne ne puisse voir que je pleurais.

— Et moi, je suis content que ce soit fini, dis-je.

— Qu'est-ce que vous allez faire maintenant?

— Je ne sais pas. Je suppose que nous partons demain. Josip a organisé un autre concert à Mostar.

— Non, je voulais dire tout de suite. Que faites-vous après le théâtre? »

Juste à ce moment-là, un homme arriva par la porte de l'entrée des artistes. Je ne le voyais pas bien, mais il était grand et mince. Il s'approcha de nous.

« Je suis chargé de vous amener dans un restaurant pour une fête en votre honneur, dit-il en anglais. La voiture est dans la petite rue, derrière.

— Voilà, je crois que c'est la réponse à votre question, dis-je à Azra. Venez avec nous!

— Oh oui, avec plaisir, » dit-elle.

Je me tournai vers notre accompagnateur.

« Vous pouvez attendre un instant que j'aille prendre ma guitare? »

Là, quelque chose s'est produit. Il s'était avancé vers un endroit éclairé et je voyais à présent ses yeux. J'ai ressenti quelque chose d'intense. C'était de la peur. On l'avait envoyé me tuer, j'en étais sûr. Je lisais dans ses pensées, comme Toni m'avait appris à le faire. Son regard était froid. Je savais que si nous mettions le pied dans cette voiture, c'en était fini de nous. J'ai pris Azra par la main et lui ai dit de venir m'aider. Je suis monté sur scène et ai pris ma guitare.

« Qu'est-ce qu'il y a? a demandé Azra.

— Venez avec moi, ne dites rien, » ai-je murmuré.

Nous avons sauté de la scène en courant jusqu'à la porte principale. Il y avait encore beaucoup de gens qui m'attendaient et nous ont tout de suite entourés. J'ai vu Snjezana et Josip, près de la porte. J'ai songé à me précipiter sur eux, mais je savais que nous étions en sécurité tant qu'il y avait du monde. Et là, j'ai senti quelqu'un qui me pressait le bras.

« Venez avec moi, vite, m'a-t-il dit tout bas.

J'ai regardé ses yeux, qui brillaient doucement. Tout comme je savais que j'étais en danger avec l'autre, je savais que nous ne l'étions pas avec lui. J'ai pris congé et ai attrapé Azra par le bras. Nous nous sommes jetés vers une voiture dont le moteur tournait déjà.

« Vite, mettez-vous derrière, » dit-il en s'asseyant au volant.

Azra entra, je lui tendis la guitare, et la voiture démarra pendant que je claquais la porte.

« Où nous emmenez-vous? demandai-je.

— En lieu sûr, dit-il. Vous n'êtes peut-être pas au courant, mais vous avez failli être tué ce soir. Il y avait des gens qui avaient l'ordre de vous assassiner au théâtre.

— Mais pourquoi est-ce qu'on voudrait me tuer à cause de deux malheureux chants de paix?

– Ce n'est pas que ça. Il y a aussi des raisons politiques. Vous savez sans doute que beaucoup d'Américains n'approuvent pas la présence de votre armée en Bosnie. Si quelques personnes comme vous étaient tuées, votre opinion publique ferait pression sur votre gouvernement pour qu'il retire ses troupes. Si les Américains partaient, les Européens en feraient autant. Les accords de paix s'effondreraient, et les choses redeviendraient comme avant. C'est ce que veulent les ultra-nationalistes. Votre assassinat n'aurait été qu'un moyen d'arriver à leurs fins.

– Et vous, qui êtes-vous?

– Je m'appelle Robert. C'est moi qui vous ai invité à Sarajevo.

– C'est vous, le poète! Je me demandais ce que vous étiez devenu. Comment avez-vous su que nous avions des problèmes?

– Je ne peux pas vous expliquer ça tout de suite. Pour l'instant laissez-vous aller, détendez-vous. Nous arrivons dans quelques minutes.

Je me demandais où nous allions. Je regardai Azra. Elle semblait contente de cette aventure. Tout s'était passé si vite. Je ne savais que penser. La voiture franchit la rivière qui partait vers la colline. Si nous avions continué dans cette direction, nous serions très vite arrivés dans la zone serbe de la ville. Robert prit une petite rue et s'arrêta derrière un immeuble. Il descendit de la voiture, ouvrit la porte arrière, prit ma guitare et nous fit signe de le suivre.

Nous avons fait quelques pas entre deux bâtiments vers une porte mal éclairée et verrouillée, que Robert a ouverte. Il nous a fait entrer et nous a menés le long d'un large couloir, puis vers une pièce, sur la gauche. Il a allumé, nous a dit de nous asseoir et est sorti. Cela ressemblait à une espèce de salle d'attente, avec des chaises empilées contre le mur et un petit bureau dans un coin. Nous avons ôté nos manteaux et nous sommes assis.

« Vous savez où on est? demandai-je à Azra.

– Je ne connais pas très bien ce quartier, dit-elle. Mais il est très dangereux parce qu'il est tout près de la zone serbe. »

Robert entra alors en tenant la porte à la personne qui le suivait. Je faillis m'évanouir en voyant qui c'était.

« Bienvenue à Sarajevo, » dit Toni, mon ami assistant de chez les Émissaires.

Je me jetai sur lui et le serrai contre moi.

« Oh, mon Dieu, Toni. Je ne peux pas croire que c'est vous.

– Je veille sur vous depuis votre arrivée, dit-il. C'est moi qui ai demandé à Robert de vous inviter.

– Et les Émissaires? Je suis allé à la communauté avec Duro et tout le monde était parti. »

Il nous fit tous asseoir.

« Vous n'auriez pas dû vous étonner de trouver la communauté vide. Vous en connaissez la raison : c'est vous. Vous avez connu les Émissaires et avez d'ores et déjà commencé à transmettre leur enseignement au monde. L'humanité a pris un nouveau chemin et les Émissaires ne sont plus utiles. Grâce à votre livre, les gens vont savoir répandre eux-mêmes la Lumière Divine, ce qui va accélérer la venue d'une nouvelle ère.

– Mais que leur est-il arrivé?

– Comment vous expliquer? dit-il. Ils sont tout simplement partis. La Lumière Divine les a emportés. C'est ce qui nous arrivera à tous, en définitive. Ils ne sont pas morts, ils sont montés au ciel. Un jour, il s'est produit quelque chose d'entièrement nouveau, pendant la séance. Comme si la Lumière s'était inversée. Au lieu de sortir de la roue, elle est entrée. Tout ce qui était dedans a commencé à luire et à tourner. Tout à coup il y a eu un éclair très fort et quand nous avons regardé, ils n'étaient plus là. Les Émissaires et la roue avaient disparu. Nous comprenions tous ce qui s'était passé. Ils nous y avaient préparés des semaines durant, presque depuis votre départ. Nous savions que c'était fini, ou plutôt que cela venait de commencer. Les assistants sont tous repartis, certains vers chez eux, d'autres vers des endroits où ils peuvent continuer leur œuvre. Je suis venu à Sarajevo. C'est ici que je planterai les graines de la paix, et transmettrai tout ce que j'ai appris des Émissaires.

— C'est quoi, cet endroit? lui demandai-je.

— Le seul lieu de Bosnie où des gens de chaque religion et de chaque ethnie vivent en paix. C'est le début, le modèle qui montrera aux autres comment vivre ensemble. »

Quelqu'un frappa à la porte. Robert se leva pour l'ouvrir. Un jeune garçon se présenta avec des tasses pleines de café sur un plateau. Il avait dans les dix ans, et avait apparemment été blessé à la tête. Il avait deux immenses cicatrices, dentelées d'un côté. Il dit quelque chose à Robert, et lui tendit le plateau. Cet enfant était de toute évidence attardé mental, probablement à la suite de sa blessure à la tête. Il s'approcha de Toni et s'assit sur ses genoux.

« C'est Damian, dit Toni. Il vit ici avec nous. C'est un membre de notre communauté. Ses parents ont été tués et il a été gravement blessé, pendant la guerre. Il est Bosniaque, mais il y a aussi des Serbes et des Croates ici. Il n'y a aucune différence entre eux. Nous vivons en paix.

— Où sont les autres? demandai-je.

— Ils dorment tous. Damian se couche toujours très tard, alors il reste avec moi. Les autres vont au lit vers huit heures.

— Alors, lui dis-je, c'est une institution pour enfants attardés? C'est ça, votre communauté spirituelle?

— Exactement. C'est un centre pour enfants handicapés et orphelins. C'est de là que nous partons. Comme je vous l'ai dit, c'est le seul lieu de Bosnie où des membres de toutes les ethnies vivent ensemble. Ces enfants sont un signe, si subtil et si innocent qu'on le remarque à peine. Pour moi, ils ne sont pas différents d'un autre groupe pacifiste. Une culture complètement nouvelle va naître ici, à partir de cette petite graine. C'est ce que je suis venu faire. Je voulais que voyiez ça pour comprendre.

– Comprendre quoi?

– Que l'on ne peut pas juger d'après les apparences. Regardez cette ville. Les destructions de la guerre sont omniprésentes. La haine semble avoir réussi. Mais est-ce vrai? Si vous avez appris quelque chose des Émissaires, vous savez que non. Ce sont les conséquences d'un monde qui essaye de prouver que la séparation est réelle. Seul l'amour l'est, quelles que soient les apparences. Le rôle d'un Émissaire est de voir la vérité au-delà de l'illusion, de voir littéralement à travers le monde. C'est le vrai pardon, et c'est ce qui apportera une nouvelle vision du monde à l'humanité. C'est le dernier cours. Sans le pardon, tout ce que vous avez appris est incomplet. Quand vous aurez appris à voir la vraie raison des choses au-delà des apparences, vous serez capable de donner une paix durable aux autres. »

Quelqu'un a frappé à la porte. C'était Josip et Snjezana. Ils se sont assis avec nous. Tout prenait un sens. Josip faisait partie de ce mystère depuis le début. Il savait tout du Maître et des autres Émissaires. Toni avait tout organisé, il m'avait fait inviter à Sarajevo et connaître Josip. La seule chose qu'ils n'avaient pas prévue, c'était la menace de mort. Mais là encore, Toni avait su envoyer Robert à notre rescousse, évitant ainsi le drame de justesse. Snjezana et moi avons dormi à l'orphelinat cette nuit-là, au cas où les gens qui voulaient me tuer nous auraient attendus à l'appartement. J'étais heureux de revoir Toni. Le puzzle était maintenant reconstitué, des enseignements du Maître au mystère de cette invitation à Sarajevo.

Nous sommes restés à parler pendant des heures des Émissaires et de tous les événements récents. À minuit Robert a proposé à Azra de la déposer chez elle. Je lui ai demandé de sortir un moment avec moi avant de s'en aller.

« Nous partons demain, lui dis-je. Josip m'a programmé un concert à Mostar. Je voudrais que vous sachiez que ces quelques jours avec vous ont beaucoup compté pour moi.

– Vous ne pouvez pas imaginer comme ça a été important pour moi. Ce n'est pas parce que vous partez que nous serons séparés. Vous êtes mon ami, vraiment. C'est ça qui compte. Je crois que je viendrai aux États-Unis, un jour. Et on se reverra, à ce moment-là.

– Je vais faire tout ce que je peux pour vous faire venir, dis-je. J'ai tellement de tendresse pour vous, Azra. D'une manière ou d'une autre nous nous retrouverons. »

Je la tins dans mes bras jusqu'à ce que Robert vienne la chercher, puis regardai la voiture s'éloigner de la ruelle. Je savais que ce n'était pas la dernière fois que je la voyais. Elle appartenait à une histoire plus grande qui venait de commencer.

Tôt le lendemain matin Josip appela l'organisation qui parrainait le concert de Mostar. La situation avait totalement changé. La veille, une unité spéciale de la police croate était arrivée pour empêcher une reprise des heurts entre catholiques et musulmans. Tous les étrangers avaient été évacués et on ne laissait pas les autocars entrer dans la ville. Le concert avait été annulé.

Snjezana et moi avons décidé de rentrer à Rijeka. Il était trop dangereux pour moi de rester à Sarajevo, et j'avais déjà plus que réalisé mes objectifs. Josip nous a conduits à la gare où nous avons fait nos adieux. C'était une bénédiction de l'avoir connu, lui et d'autres gens de Sarajevo. L'esprit de la ville n'avait pas été écrasé, et j'étais sûr qu'elle se relèverait grâce à des gens comme Josip, Toni et Robert.

À l'approche du secteur serbe, nous avons été de nouveau accueillis par une colonne de tanks qui nous ont escortés à travers les montagnes. Le voyage était fini. Je n'arrivais pas à croire qu'il s'était passé tant de choses, pas seulement depuis que j'étais arrivé en Bosnie, mais depuis le moment où je pensais que le livre était terminé. Cela devait en être le finale. C'était le parfait dénouement. Je me suis calé dans mon siège et ai respiré profondément. J'étais reconnaissant d'être ressorti sain et sauf de cette aventure.

Quand le car est arrivé à quelques kilomètres de Mostar, il a été dévié sur une petite route à gauche. Ce détour allongeait considérablement le trajet et lui ajoutait une heure. Nous traversions des quantités de petits villages. Nous étions en Herzégovine, région qui se considérait comme croate, alors qu'elle était en Bosnie. Cela semblait être le principal problème. La religion s'était si étroitement intriquée dans le nationalisme que tout ce qui ne correspondait pas exactement aux schémas établis n'était pas toléré. L'endroit où vous viviez importait peu. Si vous étiez catholique, vous étiez Croate, un point c'est tout.

Je regardais par la fenêtre lorsque le bus entra dans un petit village. Snjezana s'était endormie. Le conducteur coupa l'allumage et annonça quinze minutes d'arrêt. Je réveillai mon amie et lui proposai de manger quelque chose. Elle se redressa et me demanda où nous étions. Je n'en savais rien. Elle interrogea donc le conducteur en descendant.

« Nous sommes à Medjugorje, dit-elle, là où la Vierge Marie est censée être apparue à six enfants. »

Je n'en croyais pas mes oreilles.

« Il faut que nous restions, lui dis-je. Il n'est pas question que je rate l'occasion de passer un peu de temps à Medjugorje. Nous ne sommes pas ici par hasard. »

Snjezana a appris qu'un autre car passait le lendemain à six heures, et que ce n'était pas un problème de quitter celui-ci pour reprendre le suivant. Nous avons sorti nos sacs et nous sommes entrés dans le village. Il y avait au bout de la rue une immense église blanche à deux clochers avec, de chaque côté, des restaurants modernes et des magasins de souvenirs. Quelques années plus tôt, Medjugorje n'était rien de plus que quelques maisons dans des rues en terre battue. Depuis les apparitions, des millions de gens y étaient venus, ce qui avait créé une activité touristique florissante. De nombreuses familles avaient agrandi leur maison pour accueillir ces pèlerins et la rue principale présentait au moins dix échoppes qui vendaient les mêmes chapelets, les mêmes statues de la Vierge en plastique et les mêmes images saintes.

Nous sommes allés jusqu'à l'église. C'était l'endroit le plus animé, celui où les apparitions quotidiennes avaient eu lieu après que les autorités avaient interdit les rassemblements sur la colline où elles avaient commencé. Parmi les enfants, plusieurs étaient à présent mariés et installés ailleurs. Mais la Vierge Marie continuait à leur apparaître tous les après-midi à six heures moins le quart, où qu'ils soient. L'église était à moitié pleine. Nous avons posé nos bagages contre le mur et nous sommes assis dans le fond. J'étais surpris de voir autant de jeunes, qui priaient en croate. Les apparitions avaient suscité un regain de foi chez tous, pas seulement les gens âgés.

Je sentais autour de moi une énergie fulgurante, similaire à ce que j'avais connu chez les Émissaires. J'ai fermé les yeux et me suis mis à méditer. J'ai commencé à vibrer presque aussitôt, comme à la dernière séance de la communauté. C'était une sensation intense mais agréable. Les prières des autres résonnaient profondément en moi. Le Maître m'avait dit qu'il y avait un grand jaillissement de

Lumière Divine à Medjugorje, et que ce que les enfants avaient vécu était réel, en dépit du ton résolument catholique de leurs récits. Je ressentais l'énergie qui m'entourait et me traversait. Au bout d'un certain temps Snjezana m'a touché le bras et murmuré qu'il était temps de partir.

Nous avons trouvé deux chambres dans une pension, où il n'y avait qu'un seul autre client, un Français qui voulait absolument discuter avec nous, alors qu'il ne parlait pas anglais. Il n'y avait pas de chauffage, chose à laquelle je m'étais habitué depuis mon arrivée dans la région. Je n'avais pas passé une seule nuit dans une chambre chaude. Pourtant la joie d'être à Medjugorje était plus forte que tout. J'avais l'impression que quelque chose d'incroyable allait se passer le lendemain. À chaque fois que j'imaginais que le livre était terminé, il se produisait un événement qui le faisait partir dans un autre sens. Je me suis enfin détendu et endormi, en me demandant ce qui allait arriver.

J'ai été réveillé par un coq qui chantait tout à côté de ma fenêtre. Il était six heures et la ferme fourmillait d'activités. J'ai essayé de me rendormir sans succès. Snjezana était déjà debout et prenait un café avec les patrons de la pension. Ils m'ont invité à me joindre à eux. Après le petit-déjeuner nous sommes retournés à l'église pour voir ce qui était prévu ce jour-là. Il y avait une messe en anglais à midi, et plusieurs visites guidées du site des apparitions. Nous nous sommes promenés une heure ou deux dans le village et avons décidé de nous inscrire à une visite. Pendant que nous attendions qu'elle commence près de la porte de l'église, j'ai vu une petite colline ronde en face de celle des apparitions. J'avais la sensation étrange qu'elle m'attirait comme un aimant. Je l'ai observée pendant un bon bout de temps, mais n'ai rien vu de spécial. Pourtant elle m'appelait, j'en étais certain. Quand tous les membres de la visite sont arrivés, j'ai dit à Snjezana d'y aller sans moi, et que je la retrouverais à midi.

Je pris les champs qui menaient à cette colline. Cela n'avait pas l'air d'être à plus de quinze minutes de marche. Je marchai dans les vignes pendant presque une heure avant d'arriver en bas, où il y avait un minuscule village. Ne voyant pas de sentier vers le sommet de la colline, j'allai vers un jeune homme, à côté d'une cabane. Il ne parlait pas anglais mais je réussis à lui dire que je voulais aller tout en haut. Il me fit signe de le suivre.

La montée était extrêmement difficile. Il fallait se méfier des pierres qui roulaient pour ne pas tomber. La colline était aussi couverte de gros buissons épineux, et j'eus très vite les bras et les jambes écorchés. Mon guide me laissa à mi-chemin, en me montrant qu'il fallait continuer tout droit. Il ne semblait pas comprendre pourquoi je voulais escalader un endroit si pénible. Je n'aurais pas pu le lui expliquer, mais je savais qu'il le fallait. Quelque chose m'attendait tout en haut, j'en étais sûr.

Je levai les yeux vers la crête et crus voir une lueur. Il faisait très beau et je décidai que c'était un effet du soleil. Je continuai à grimper. J'observai les rochers attentivement et m'aperçus qu'ils comportaient tous un dessin. Je m'arrêtai pour y regarder de plus près. C'étaient des symboles, ceux qui formaient la roue de la communauté. Il y avait des centaines de petites roues et de huit. Je me penchai pour en toucher la texture et compris qu'ils n'étaient ni dessinés ni gravés. C'était presque comme s'ils avaient poussé tout seuls sur la pierre. Leurs contours étaient irréguliers et parfois effacés, faits d'une substance sombre, en relief, semblable à la pierre. Je levai de nouveau les yeux. J'étais sûr qu'il y avait là quelque chose qui luisait et m'attirait. Je me mis à grimper encore plus vite, conduit par une force mystérieuse, et arrivai au sommet sans m'en rendre compte.

Je remarquai un énorme tas de rochers tout en haut de la colline. C'était le point qui avait l'air de rayonner. Plus j'avançais, plus les rochers étaient couverts de symboles. Le monticule était à vingt mètres de moi. Je voyais bien la lumière et restai interdit : tout en haut il y avait un autre tas de pierres, de la taille d'un siège, sur lequel était assis le Maître, les jambes croisées et les yeux clos. La Lumière l'entourait comme si elle émanait de lui.

En arrivant en bas de ces rochers, je m'agenouillai. Je sentis que je m'imbibais de l'énergie du Maître. Il ouvrit les yeux et me regarda.

« N'ayez pas peur, dit-il. Montez vers moi. »

Le monceau de pierres faisait environ deux mètres cinquante de haut. Je l'escaladai et m'assis à deux mètres de lui. J'étais au sein de la Lumière à présent. Tout le reste avait disparu, comme si nous flottions sur un nuage. J'étais fou de bonheur. Je pensais que je n'aurais jamais l'occasion de le revoir. Son regard était plein d'amour et de tendresse.

« Je ne pourrais jamais vous quitter vraiment, dit-il. Maintenant je peux vous aider par des moyens que je n'avais pas avant. Ce n'est pas parce que mon corps est parti que je ne suis plus avec vous. Je le serai toujours parce que vous avez commencé le voyage qui vous conduira à devenir Émissaire. »

On aurait dit qu'il ne touchait pas vraiment les rochers mais lévitait légèrement au-dessus. J'avais aussi l'étrange sensation qu'il n'était pas là du tout, du moins pas physiquement. Je voyais une sorte de projection, alors qu'il n'était qu'à quelques dizaines de centimètres de moi.

« Où êtes-vous parti? lui demandai-je. Je suis retourné à la communauté avec Duro et il n'y avait personne.

— Pourquoi cela vous a-t-il surpris? Comme l'a dit Duro, notre travail était fini, presque à partir du moment où vous étiez parti. Vous avez déjà commencé à parler des Émissaires au monde. L'humanité avance vers la prochaine étape de son évolution, à laquelle nous la préparions. Ce qui compte maintenant, c'est votre travail, pas le nôtre. C'est par vous qu'ils comprendront qui ils sont.

– Et pourquoi êtes-vous avec moi en ce moment?

– Parce qu'il y a encore une dernière chose que je dois vous montrer. Lorsque vous étiez à Sarajevo, vous avez appris à voir la vérité immuable, au-delà de la situation, des traumatismes et des destructions. C'est comme cela que vous leur avez apporté la paix, en leur montrant ce qu'ils sont vraiment. La dernière chose que je vais vous montrer est très personnelle. C'est une Porte pour l'Éternité, que vous devez franchir avant d'assumer votre rôle d'Émissaire véritable. C'est le passage entre ce monde et le monde réel, le pont minuscule entre la vérité et l'illusion. Ce n'est qu'une fois que vous aurez franchi cette porte, serez sorti du temps et revenu, que vous serez capable de remplir pleinement votre mission.

– Qui consiste en quoi? demandai-je.

– À lancer un nouveau groupe d'Émissaires. L'ancien n'existe plus. Nous ne sommes plus d'aucune utilité. Ce nouveau groupe fonctionnera de façon différente. Des milliers de gens comme vous feront la même chose et deviendront des exemples pour le monde entier. Vous réaliserez ceci en existant simultanément hors du monde et en lui. L'humanité verra cela et prendra exemple sur vous. Votre engagement à exister hors du temps animera un nouveau groupe d'Émissaires qui frayera la voie au reste de l'humanité. Le monde a enfin commencé à choisir la paix. Ces nouveaux Émissaires nourriront ce choix en aidant les autres à mûrir et à répandre cette nouvelle vision de la réalité.

– Qu'est-ce que la Porte pour l'Éternité?

– C'est un accès à la vérité qui a toujours été devant vous. En tant qu'être humain vous existez dans un univers à trois dimensions. Néanmoins, il y a d'autres dimensions dont vous n'avez aucune conscience, mais auxquelles vous pouvez accéder. C'est ce que fait un véritable Émissaire, il se déplace entre ces dimensions. Et il y a bel et bien une porte devant vous. Vous devez apprendre à la sentir et à la voir, puis à lui prêter attention. Plus vous fixerez votre attention sur elle, plus elle vous donnera d'énergie. Ensuite elle vous fera tout entier passer à travers elle, et vous attirera vers la quatrième dimension, entre le temps et l'espace, que vous pourriez appeler le niveau causal de l'existence. C'est là que vous sentirez vraiment la Lumière Divine, la source de la création. Puis vous reviendrez en arrière, vers l'univers physique, en rapportant avec vous quelque chose de cette quatrième dimension. C'est cela que vous partagerez. C'est le présent qu'un Émissaire fait au monde.

– Vous voulez dire que je vais franchir cette porte physiquement ? Que je vais réellement entrer dans un monde entièrement différent ?

– C'est vous qui pensez que votre corps est séparé de votre esprit. J'ai dit que vous traverserez ce seuil complètement, de tout votre être. Cela inclut votre corps, qui doit lui aussi être transformé par la Lumière. Lorsque vous franchirez cette porte, vous pourrez décider de ne pas revenir. Il n'y a rien de mal à décider cela, mais vous devez vous rappeler que vous avez choisi d'être Émissaire, et que les Émissaires reviennent toujours. Ils relient le monde des illusions au monde réel. Vous et ceux qui vous suivront, vous serez comme un signal pour les autres hommes. Vous devez leur montrer le chemin, comme je l'ai fait pour vous.

Vous devez franchir la Porte de l'Éternité, qui vous mène hors du temps. C'est le pas auquel tous mes autres cours vous ont conduit. Je vous ai appris à vous débarrasser de vos peurs, puis à voir au-delà de la séparation. Une fois que vous permettrez à la Lumière Divine de vous habiter, vous serez capable de voir la Porte. Cela ne requiert qu'un changement de perception.

– Comment puis-je apprendre à voir la Porte de l'Éternité? demandai-je.

– C'est votre détermination qui vous le dira. Je peux vous aider à vous concentrer sur la Porte, mais c'est votre désir de la voir et de la traverser qui vous révèlera le passage vers la quatrième dimension. »

Le Maître me dit de m'asseoir et de fermer les yeux. Il me fit méditer comme lorsque nous étions avec les Émissaires. Je réunis toutes mes émotions et les projetai à travers mon cœur. Tout mon corps était rempli d'une énergie étonnante. Les symboles des rochers semblaient transformer l'air. L'énergie ruisselait de mon cœur et inondait les environs de Lumière.

« Maintenant je voudrais que vous mettiez toute votre attention à trois mètres de vous. Ne vous concentrez sur rien de spécial, laissez simplement votre regard flotter dans le vide. Laissez la lumière projetée par votre cœur remplir cet espace vide. Tout d'abord, n'essayez pas de voir la Porte avec vos yeux, utilisez votre intuition et vos émotions. Elle est là, devant vous. Vous avez juste besoin de la laisser devenir nette. Vous remarquerez que la Lumière provenant de votre poitrine disparaît à l'endroit sur lequel vous vous fixez. Elle est littéralement aspirée par la Porte. Ce faisant, vous allez avoir l'impression de grandir. Cela va arriver tout doucement, mais au fur et à mesure que vous laisserez l'énergie monter, vous apercevrez une ouverture, pas physique mais une ouverture qui transcende le physique. C'est une nouvelle dimension, vous accédez à un autre niveau d'existence. »

Pendant qu'il parlait, je commençai à deviner une porte ou une fente suspendue à trois mètres de moi. Je ne la voyais pas mais je la sentais. La Lumière de mon cœur se mit à disparaître dans la zone de l'ouverture. Au bout d'une minute un changement s'opéra. Quelque chose se formait, presque comme un morceau de plastique transparent qui flottait dans l'espace. La Lumière touchait l'ouverture puis s'évanouissait comme si elle était absorbée. J'eus envie d'aller à la Porte. Elle m'emplissait d'une paix et d'une joie extraordinaires, et je voulais voir où elle menait.

« Laissez la Porte vous prendre, dit le Maître. La Lumière que vous projetez en elle est comme une corde qui vous en rapproche. Laissez-la vous sortir du temps et vous emmener à l'éternité. Laissez votre envie croître jusqu'à ce que vous sentiez que vous devez y aller. La Lumière vous tirera. Laissez-vous simplement conduire. »

Je sentis que la Porte m'aspirait. Tout ce qui m'entourait s'estompait et mon esprit ne fonctionnait plus normalement. J'étais dans une paix totale, mais plein d'une énergie incroyable. Je ne sais si mon corps bougeait ou non. C'était l'essence de mon être qui était attirée vers l'avant, comme si le fait de sortir du temps était le but suprême de ma vie. J'avançais lentement vers la Porte en flottant dans l'espace. Je voyais à travers elle comme si l'univers tout entier était de l'autre côté. Si je la dépassais, je savais que le monde disparaîtrait. Tout ce que je connaissais n'existerait plus.

Soudain je reculai, réintégrant mon corps. J'avais peur, et à cette pensée la Porte de l'Éternité s'évanouit. Quelques secondes plus tard je repris conscience de ce qui m'entourait, du rocher sur lequel j'étais assis et du Maître installé devant moi.

« Que s'est-il passé? lui demandai-je, déçu de ce retour.

— Vous avez eu peur de ce qui se produirait si vous sortiez du temps. Pendant un petit instant vous avez pensé que tout ce que vous connaissez, tout ce que vous aimez, allait disparaître pour toujours. La peur est la seule chose qui vous empêche de voir la Porte de l'Éternité. Cela ne m'étonne pas que ce soit arrivé. J'aurais été sidéré si vous aviez pu passer au travers immédiatement. C'est déjà énorme d'avoir perçu la Porte.

— Est-ce que je serai capable de la revoir?

— Regardez devant vous et essayez. »

Je respirai fort et laissai mon regard planer sur l'endroit où je venais de la voir. Je le retrouvai en quelques secondes, et sentis de nouveau la paix intérieure qu'elle me procurait.

« Quand on a vu la Porte une fois, on peut toujours la revoir, dit le Maître. Il suffit de savoir comment regarder. Vos yeux étaient entraînés à ne pas la voir. Mais on peut réapprendre et découvrir ce qui avait toujours été devant soi. Vous passerez à travers sans problème quand vous vous serez complètement débarrassé de votre peur. Vous sortirez du temps et vivrez l'éternité, puis vous reviendrez transformé en Émissaire de la Lumière. Je vous ai appris tout ce que je pouvais. Un autre viendra vers vous. C'est lui qui vous emmènera au stade suivant.

— Que voulez-vous dire? demandai-je. Que j'aurai un autre professeur? Où serez-vous?

Là où j'ai toujours été : en vous. Je ne peux vous en dire plus sur celui qui viendra, si ce n'est que vous avez besoin de lui et qu'il peut vous aider. Il faut vous appliquer et vous concentrer sur une chose : passer la Porte de l'Éternité. Cela doit être votre unique but. Rien d'autre ne compte. »

La lumière qui baignait le corps du Maître se fit plus vive, au point que j'avais du mal à le distinguer. C'était comme s'il avait été emporté par la Lumière, comme s'il avait lui-même passé la Porte.

« Souvenez-vous, Jimmy, la mort n'existe pas. Je ne suis pas mort et, quelle que soit la façon dont vous percevez votre corps, seule la vie est réelle. Racontez à tout le monde ce que vous avez vu. Aidez les gens à comprendre qu'ils sont saints, qu'ils sont tous des Émissaires de la Lumière. L'humanité a fait un pas en avant extraordinaire, cela suppose de nouvelles responsabilités. Aidez-les à poser leurs jouets et à accepter la paix là où elle est vraiment : en eux. Je serai toujours avec vous, Jimmy. Ne l'oubliez jamais. »

Il n'était plus là. La lumière disparut, j'étais seul au sommet de la colline. Je fermai les yeux et respirai profondément. J'éprouvai une paix intérieure jusqu'alors inconnue, une certitude que tout était parfaitement en ordre. Je restai très longtemps ainsi. Puis je me relevai, regardai autour de moi, et redescendis la colline.

Quelques exemples de livres d'éveil publiés par Ariane Éditions

La série Conversations avec Dieu

Le Réveil de l'intuition

Sur les Ailes de la transformation

Voyage au cœur de la création

L'Éveil au point zéro

Partenaire avec le divin
(série Kryeon)

Les Neuf visages du Christ

Messagers de l'aube